Karl Eugen Schmidt

Leben und Taten des fürtrefflichen und gestrengen Hernn

Schambes Klappergässer aus Kreuznach

nach seinem Tode

Karl Eugen Schmidt

Leben und Taten des fürtrefflichen und gestrengen Hernn Schambes Klappergässer aus Kreuznach
nach seinem Tode

ISBN/EAN: 9783743617643

Hergestellt in Europa, USA, Kanada, Australien, Japan

Cover: Foto ©ninafisch / pixelio.de

Manufactured and distributed by brebook publishing software
(www.brebook.com)

Karl Eugen Schmidt

Leben und Taten des fürtrefflichen und gestrengen Hernn

Schambes Klappergässer aus Kreuznach

Leben und Thaten

des fürtrefflichen und gestrengen Herrn

Schambes Klappergässer aus Kreuznach

nach seinem Tode.

———

Nach
seltsamen Manuscripten aufgezeichnet und herausgegeben

von

Karl Eugen Schmidt.

Fr. Wohlleben'sche Buchdruckerei, Kreuznach.

Seinem lieben Bruder Otto gewidmet

vom

Herausgeber.

1*

1. Kapitel.

Worin von den Kreuznachern und ihrer Art die Rede ist.

Die Kreuznacher sind ein wanderlustiges Völkchen. Es giebt keinen Ort auf dem weiten Erdenrund, wo sie nicht zu finden wären. Auf den Goldfeldern und im Busche Australiens, auf den Plantagen der Süd= see, bei den Boeren in Süd= und bei den Franzosen in Nord=Afrika, in Egypten und Kleinasien wie in Indien, China und Japan, am Hudson und Mississippi wie am Amazonenstrom, überall sind sie zu Hause, und überall klingt die Pfälzer Zunge. In Philadelphia in Nordamerika sind sie so zahlreich, daß sie einen eigenen Gesangverein, den „Kreuznacher Sängerbund", gegründet haben, und in vielen Städten der nord= amerikanischen Union wird der Kreuznacher Markt gefeiert.

Wer das freundliche Städtchen im Nahethale nur oberflächlich kennt, dem werden diese Thatsachen unwahrscheinlich vorkommen, denn wie kann ein Städtchen mit 20 000 Einwohnern seine Söhne nach allen Theilen der Erde entsenden, ohne entvölkert zu werden? Dafür weiß ich keine andere Erklärung, als daß in Kreuznach das Zweikindersystem nicht gültig ist, und daß dort jedes Ehepaar, das auf Rechtschaffenheit, Pflicht und Bürgertugend etwas hält, — und das thun alle Kreuznacher — dem Vaterlande mindestens ein halbes Dutzend Söhne und Töchter schenkt.

Wer Kreuznach und das Nahethal näher kennt, ohne selbst dort geboren zu sein, der wird verwundert ausrufen: Aber was kann diese Menschen bewegen, dies Paradies zu verlassen? Das fruchtbare Thal mit Weizenfeldern und Obstgärten, die sonnigen Hügel mit goldenen Reben, die Bergesgipfel mit schattigen Tannen, die steilaufsteigenden zackigen Felsen des Rheingrafenstein und des Rothenfels, an deren Fuße die liebliche Nahe rauscht und schäumt, die sagenreichen Ruinen, welche vom Gipfel der Berge herniederschauen in das Thal, wo frohe Menschen ihrer Geschäfte emsig walten, — was konnte Euch bewegen, das alles zurückzulassen, um in der rauhen, weiten Ferne einem traumhaften, unbekannten Glücke nachzujagen?

Wir aber antworten: Wir haben nichts von alle=
dem zurückgelassen. Wohin uns auch das brausende
Schiff und das eilende Dampfroß tragen mögen, wir
nehmen die Heimath mit uns. Der frische Sinn und
das fröhliche Herz begleiten uns durch die ganze Welt,
und keine Noth und Gefahr vermag uns die zu rauben.
Und wenn wir am fernsten Ende des Erdballes die
Augen schließen, so umfangen uns liebe heimische Träume,
wir hören die Nahe rauschen und die aus den Wein=
bergen heimkehrenden Leser jauchzen und singen, wir
athmen den würzigen Duft der Tannenwälder, wir
stehen auf dem Gipfel des Rheingrafenstein und schauen
das herrliche Thal hinab und hinauf, überall von
Rebenhügeln eingeschlossen, von goldenen Weizenfeldern
bestanden.

Omne solum forti patria est ut piscibus
aequor. Wie der Fisch in jedem Meere sich wohl
fühlt, so sind wir überall daheim, wo uns der Sonne
Licht begrüßt, wo der Allmutter Erde Nahrung ent=
sproßt, wo kräftige Hand und heller Kopf im Vereine
Raum finden zum freudigen Wirken.

Aber nicht vergessen wir darob der Lieben, die
wir in den frohen Gefilden der Heimath zurückgelassen
haben. Das politische Getriebe im deutschen Vater=
lande liegt uns fern und berührt uns nicht, die wir

im Auslande den Kampf um's Dasein führen. Und
auch diesen Kampf führen wir nach frohgemuther
Pfälzer Art: mit Blumen bekränzt, den Weinkrug in
der Hand, die Rosen pflückend und der Dornen nicht
achtend, die uns am Lebenspfade begegnen. Mit keckem
Sinn und schnellem Witz überwinden wir lachend und
singend die Schwierigkeiten und Hindernisse, die uns
das Leben vor die Füße wirft, und sind sie zu hoch
und steil zum Ueberklettern, so trübt das unsere gute
Laune keinen Augenblick, denn die Welt ist weit und
der Himmel ist hoch, und kein Berg ist so groß, daß
man nicht auf seine andere Seite kommen könnte, ohne
ihn zu besteigen. Kurz, wir verstehen die Kunst, dem
Schicksal aus dem Wege zu gehen, wenn es uns nicht
aus dem Wege gehen will.

Daß wir in der Heimath als grobe Kerle ver=
schrieen sind, und daß die Mainzer behaupten, die
Kreuznacher seien noch frecher und grober als sie, ficht
uns nicht an, denn erstens glauben wir es nicht, und
zweitens ist der Begriff der Grobheit bei uns ein
anderer, als im Norden und Osten des deutschen Vater=
landes. Die Kreuznacher, und die Pfälzer überhaupt,
lieben die Complimente nicht, sondern plaudern gern
vom Herzen weg, was sie gerade fühlen und denken.
Freilich denkt man nicht immer Vortheilhaftes von der

Perſon, mit der man gerade ſpricht, und ſo kann es
dann vorkommen, daß Worte fallen, die ein der Lan=
desſitte Unkundiger für grob halten könnte.

Daß wir lautere Stimmen haben, mehr Lärm im
Wirthshaus machen und bei einer Schlägerei ſowohl
Biergläſer als auch Stuhlſtempel mit großer Gewandt=
heit zu handhaben verſtehen, das leugnen wir nicht,
ſondern freuen uns deß. Denn das iſt unſer Merkmal
im fremden Lande, wo die Einheimiſchen eilends in's
wälſche Wirthshaus rennen und im Stehen die edle
Gottesgabe hinabgießen, daß es einen Stein erbarmen
möchte.

Siehſt Du aber dann, o Fremdling, der Du den
Ozean durchſchifft haſt, um im Columbiſchen Lande
Dein Glück zu machen, im Hinterſtübchen des ameri=
kaniſchen Wirthshauſes ehrenfeſte Männer ſitzen, die
ihren Wein bedächtig ſchlürfen und weiſe über Politik
und Wetter und Weiber und Wein reden, ſo tritt
frohen Muthes näher und ſei überzeugt, daß Du hier
Pfälzer und Badiſche und ähnliche Stammesgenoſſen
gefunden haſt. Und der Tiſch, wo es am lauteſten
hergeht, wo die Stimmen weithinſchallend durch den
Raum dröhnen und die Fäuſte krachend, dem Argu=
mente Nachdruck verleihend, auf den Tiſch niederſauſen,
der ſei Deiner Aufmerkſamkeit beſonders empfohlen,

denn hier findeſt Du Deine Kreuznacher. Alſo tritt
herzu und rede Deine Kreuznacher Mundart, und Dein
Zungenſchlag wird Dir ein herzliches Willkommen
verſchaffen.

2. Kapitel.

Der Autor empfängt einen ſonderbaren Beſuch.

Es war ſpät geworden, ehe wir aufgebrochen
waren. Gewöhnlich tranken wir um zwölf Uhr aus,
erhoben uns um nach Hut und Stock zu greifen, und
gingen dann nach Hauſe. Aber an dem beſonderen
Abend, von dem ich jetzt erzähle, hatte der Wirth Bock-
bier an Zapf, und ſo blieben wir etwas länger hängen.
Als wir uns an der Ecke trennten, ſchlug es gerade
ein Uhr. Ich war gut gelaunt und ſchritt fröhlich
fürbaß, meinen heimiſchen Penaten zu. Nach einigen
vergeblichen Verſuchen fand endlich der Schlüſſel das
Loch, und die Thüre flog auf.

Meine Hauswirthin hatte zwar eine brennende
Lampe auf den Gang geſtellt, aber als die Thüre ſich
öffnete, drang zugleich mit mir ſelbſt ein heftiger Wind-

ſtoß ein, der das Licht löſchte. Ich tappte alſo im Dunkeln die Treppe hinauf, taſtete mich an der Wand entlang, bis ich meine Thüre fand, öffnete und trat ein. Die Fenſterläden waren nicht geſchloſſen, und der Mond goß ein unſicheres Licht in das Zimmer.

Da ſah ich etwas, was mich ſo erſchreckte, daß ſich meine Haare ſträubten, und daß mir der kalte Angſtſchweiß auf die Stirne trat.

Mitten im Zimmer ſaß ein breitſchultriger Mann mit großem Vollbart auf meinem bequemen Schaukel= ſtuhl und rauchte aus meiner langen Pfeife. Er hatte die in graue Tuchhoſen gehüllten Beine übergeſchlagen und wiegte langſam ſein Haupt hin und her, wodurch er den Stuhl in ſchaukelnder Bewegung hielt. Sein Oberkörper ſtak in einem braunen Gehrock, und auf dem Kopfe hatte er einen breitkrämpigen grauen Filz= hut. Es ſchien ihm ſehr zu gefallen in meiner Be= hauſung, und er ſah ganz außerordentlich glücklich und zufrieden aus.

Das alles wäre alſo kein Grund zu dem töbt= lichen Schreck geweſen, der mich auf der Schwelle feſt= bannte, als ich meinen Beſucher ſah. Die Urſache meines Entſetzens war aber, daß ich ganz bequem durch den Fremden durchſehen konnte und Gegenſtände,

die sich hinter ihm befanden, so deutlich erkannte, als
ob sie vor ihm wären.

So etwas ist doch gewiß sonderbar, und daher
mußte es mich billig in Erstaunen setzen.

Aber es war mir bald klar, mit was ich es hier
zu thun hatte. Mein Gast war ein Geist. Sobald
mir der Gedanke durch den Kopf blitzte, war ich be-
ruhigt, denn das Gespenst saß so gemüthlich da und
sah so gutmüthig aus, daß mir alle Furcht vor etwa-
igen bösen Absichten meines Besuchers verging.

Ich kam also ganz herein und sagte sehr höflich:
„Ah, guten Abend, mein Herr!"

„Guten Abend," sagte das Gespenst mit einer
Stimme, die zwar etwas hohl klang, aber trotzdem so
fidel und munter aus der Kehle kam, daß ich von der
Gutherzigkeit meines Besuchers vollends überzeugt wurde.

„Schmeckt Ihnen mein Tabak?" fragte ich, indem
ich einen Stuhl herbeizog und mich dem Geiste gegenüber setzte.

„Gar nicht übel!"

„Wenn Sie erlauben," sagte ich, „stopfe ich mir
auch eine Pfeife und wir rauchen eins zusammen."

„Wird mich freuen."

Ich stopfte mir also eine Pfeife, steckte sie an und

setzte mich wieder hin. Eine Zeitlang qualmten wir behaglich ohne zu sprechen, dann sagte mein Gegenüber:

„Sie sind aus Kreuznach?"

„Zu dienen!" antwortete ich überrascht und stolz.

„Ich auch," fuhr er fort, „meine Name ist Klapper= gässer, Schambes Klappergässer."

„O ja, den Namen kenne ich," sagte ich, „einer von den Klappergässers ist mit mir in die Schule ge= gangen, Franz hieß er, glaub' ich."

„Ja, das ist mein Neffe, der älteste Bub von meinem Bruder Karl. Der lebt noch, ist zu Hause in Kreuznach, ein tüchtiger Kerl."

„Sie sind wohl schon lange todt, Herr Klapper= gässer?" fragte ich schüchtern.

„Es werden bald 25 Jahre sein," berichtete er, „ich war zu lang im Keller, und wie ich herauskam, hab' ich mich verkühlt. 's war eine unangenehme Ge= schichte. Hätt' ich gewußt, was ich jetzt weiß, so hätt' ich mich nicht halb so sehr gegen das Sterben gewehrt."

„Ja so, Sie sind wohl im Himmel?" fragte ich.

„Haha," lachte er, „Himmel! Wo denken Sie hin? Im Himmel kann man mit der Laterne nach den Kreuznachern suchen. Die nehmen keine. Nein, ich bin im Fegefeuer, und da geht es mir ganz gut."

„Donnerwetter!" sagte ich, „das wundert mich.

Ich hab' immer gemeint, im Fegefeuer würde man scheußlich gequält."

„Ach was! Kindermärchen!" machte mein Gast wegwerfend. „Allerdings ging es früher bösartig her bei uns, aber seit einiger Zeit hat es mit der Driezerei aufgehört. Strenge Herren regieren nicht lange, wissen Sie!" Er that ein paar mächtige Züge aus der Pfeife und sagte dann:

„Ganz guter Tabak. Wo haben Sie ihn her? Man kriegt doch sonst in Amerika selten ein gutes Kraut für die lange Pfeife."

„Den hab' ich mir direkt schicken lassen von zu Hause," gab ich zur Antwort und drückte zugleich meine Verwunderung darüber aus, daß er rauchen konnte. „Ich habe immer geglaubt," sagte ich, „mit all' den irdischen Freuden hätte es ein Ende da drunten."

„Ja, wie man's nimmt," meinte Herr Klapper= gässer, „man hat freilich nicht so viel Spaß, wie hier auf der Erde. So ist es z. B. ganz verflixt unange= nehm, wenn man ein hübsches Mädel sieht und keinen Widerstand fühlt, wenn man sie an sich drücken will. Im Anfang ist es sehr unbequem, später gewöhnt man sich dran, und zuletzt schmeckt ein Kuß fast ebenso gut wie hier bei Euch. Nur ist es eine viel luftigere

Affäre, nicht viel Solides dran! Aber rauchen können wir, so viel wir wollen, d. h. so lange es reicht."

„Wie meinen Sie das?" fragte ich.

„Jeder Geist," erklärte er, „nimmt den Geist des Tabaks mit, den er hienieden geraucht hat. Jemehr er hier geraucht hat, desto mehr Vorrath hat er drüben im Jenseits."

„Donnerwetter!" sagte ich, „da bin ich froh, daß ich das weiß," und begann gleich tüchtig zu paffen, um einen gehörigen Vorrath für das Jenseits zusammen zu rauchen.

„Ebenso ist es mit dem Wein und dem Bier," fuhr mein Gast fort, „und da können Sie sich denken, daß wir Kreuznacher einen ganz ansehnlichen Keller da drüben haben. Ueberhaupt ist es nicht so schlecht, wie man es sich hier vorstellt."

„Dürfen Sie weg, so oft Sie wollen?" fragte ich.

„Ich darf weg," sagte er mit selbstbewußtem Nach= druck, „wollte sehen, wer mir's wehren wollte. Würde ihm schlecht gehen. Ich besuche Kreuznach ganz oft, besonders wenn die Tanzzelte, die Kaufbuden, die Schauhütten und die Caroussels unten auf der Pfingst= wiese aufgebaut werden, und der Markt losgeht. Da hab' ich schon manchem am frühen Morgen vor Tages= anbruch über das Dreipfennigsbrückchen und durch

Kisky's Wörth nach Hause geholfen, wenn ihm der Wein in den Kopf gestiegen war, so daß die Beine nicht mehr recht wollten. Auch im Herbst, wenn die Trauben geschnitten werden, schleich' ich mich oft Nachts in den Wingerten herum und such' mir die besten Eß= trauben heraus. Im Winter komm' ich selten, denn ich hab' mich jetzt an das warme Wetter gewöhnt, und Schnee und Eis gefällt mir nicht mehr."

„Wie lange dürfen Sie des Nachts ausbleiben?"

„Gewöhnlich bis zum ersten Hahnenschrei. Das ist das einzige Unangenehme bei meinen Besuchen. Manche von den Biestern haben nicht die geringste Lebensart und fangen schon lange vor Tagesanbruch zu krähen an. Besonders in hellen Nächten ist der Teufel los mit ihnen. Heute scheint auch wieder der Mond wie verrückt und ich muß mich eilen. Ich habe nämlich was Besonderes mit Ihnen zu besprechen."

„Bitte, sprechen Sie," munterte ich ihn verbind= lich auf, „es wird mir ein Vergnügen sein, Ihnen einen Dienst zu erweisen."

„Sie schreiben doch für die Zeitungen, nicht wahr?" fragte er.

Ich gab es zu, nicht ohne einige Scham.

„Nun sehen Sie," fuhr er fort, „die Sache ist nämlich die —"

Hier fing er an zu stocken und zu stottern, und ich konnte merken, daß er etwas verlegen war. Ich ermuthigte ihn, zu Ende zu sprechen, und schließlich brachte ich aus ihm heraus, was er von mir wollte. Die Sache war sehr einfach. Im Fegefeuer, wo er sich aufhielt, war es mitunter sehr langweilig, und um sich zu zerstreuen, hatte er seine Erlebnisse nach seinem fleischlichen Tode aufgezeichnet.

„Sehen Sie", sagte er, „zuerst habe ich ja gar nicht daran gedacht, das Geschreibsel vor das Publikum zu bringen. Es geht mir nämlich nicht glatt von der Hand, und alles klingt holperig und ungefüge. Da dachte ich denn: Schambes, Du mußt einmal achtgeben, und wenn Du einen Landsmann siehst, der sich mit der Schreiberei abgiebt, so bringst Du ihm Deine Papiere. Der kann sie dann zurechtfeilen und etwas daraus machen. Nun war ich vor ein paar Tagen in Kreuznach zu Besuch, und wie ich da in dem Zimmer meines Bruders herumstöberte, fand ich ein Buch auf dem Tische, das Ihren Namen trug. Ich schlug es auf und las ein paar Seiten. Das Ding gefiel mir. Es war frisch von der Leber weg geschrieben, ohne viel Flausen und Firlefanz. Ganz konnte ich es nicht lesen, weil ein verwünschter Gockelhahn zu krähen anfing, als ich grade an einer Stelle angekommen war, wo

2

Sie scheußliche Keile kriegten. Es war drüben in
Australien in irgend einem Neste. Da haben Sie wohl
böse Zeiten durchgemacht?"

Ich sagte, es wäre so leidlich gegangen, und bat
ihn fortzufahren.

„Ja sehen Sie, als ich Ihr Buch las, dachte ich:
das wäre der Mann für Dich. Das ist eine ehrliche
Kreuznacher Haut, der keine Faxen macht in seiner
Schreiberei mit Nachtigallenflöten, Blumendüften und
Moschusgestank, sondern der erzählt, wie ihm der
Schnabel gewachsen ist. Ich erkundigte mich also drüben
bei uns nach Ihnen."

„Drüben bei Ihnen?" fragte ich, „kennen die mich
denn dort?"

„O gewiß!" sagte der Geist, „wir haben eine
ganze Menge Freunde und Verwandte von Ihnen bei
uns. Ihre Familie hat sogar eine eigene Ecke für
sich, und es giebt mitunter Verwirrung, weil so viele
von Euch mit dem Vornamen Karl heißen. Nun, ich
erfuhr also, daß Sie jetzt in Amerika seien, und machte
mich deßhalb auf, Sie zu suchen und Ihnen mein Geschreibsel zu bringen. Denn sehen Sie, ein Kreuznacher
muß es sein, der die Geschichte besorgt, auf die anderen
kann man sich nicht verlassen. Wir Kreuznacher, wir
sind die einzigen Kerle, die sich vor Tod und Teufel

nicht fürchten. Es geht nichts über Kreuznach! —
Aber haben Sie nichts zu trinken hier? Ich bin ver=
flixt durstig von dem vielen Reden!"

Leider war es schon nahe an zwei Uhr und alle
Wirthshäuser längst geschlossen. Im Hause aber war
nichts zu haben. Dies theilte ich meinem Besucher so
schonend wie möglich mit, aber es schien ihn sehr zu
verdrießen, und er knurrte: „Ein ordentlicher Kreuz=
nacher hat immer was zu trinken in der Schlafstube.
Wie können Sie denn überhaupt einschlafen, wenn
Ihnen nicht ein Krug Wein auf dem Nachttisch die
nöthige Ruhe und Zuversicht giebt? Was machen Sie
denn, wenn Sie Nachts mit einem Brand aufwachen?
Sie werden doch hoffentlich kein Wasser trinken! Pfui
Teufel!"

Um ihn zu beruhigen, bat ich ihn, in der nächsten
Nacht wiederzukommen, und versprach ihm, dann eine
gehörige Ladung Wein anzufahren.

„Morgen? Nein, das geht nicht," sagte Schambes
und schüttelte den Kopf, „morgen habe ich Geburtstag,
und der wird ordentlich gefeiert."

Mein Staunen wurde immer größer, aber auf
den Geist machte das keinen Eindruck, sondern er fuhr
ruhig fort:

„Wir haben das nämlich so eingerichtet. daß wir

2*

unseren Sterbetag als Geburtstag feiern. Morgen
sind es gerade 25 Jahre, daß ich in der Hölle ange=
kommen bin, und das muß natürlich, wie es sich ge=
hört, celebrirt werden."

Damit stand er auf, um zu gehen, wandte sich
aber noch einmal zu mir und sagte hastig: „Aber
nur keinen Californier! Hören Sie, nur keinen Ca=
lifornier! Ich kann das erdige Zeug nicht ausstehen!
Besorgen Sie ein Paar Flaschen Kauzenberger oder
Rothenfelser, wenn Sie den bekommen können. Sonst
thut's auch Winzenheimer oder Roxheimer. Aber blei=
ben Sie mir vom Halse mit dem amerikanischen Zeug!"

„Ja aber," rief ich aus, „wann kommen Sie
denn eigentlich? Den Wein werde ich schon besorgen,
da können Sie sich auf mich verlassen. Ich mag sel=
ber das hiesige Gesöff nicht."

„Ja so, da hätte ich beinahe wieder das Wichtigste
vergessen und am Ende wieder nichts zu trinken vor=
gefunden. Lassen Sie mal sehen — also heute ist
Freitag, morgen feiere ich meinen Geburtstag, am
Sonntag kegeln wir gewöhnlich so lange, daß ich zu
müde zu Besuchen bin — wie wäre es am nächsten
Montag? Paßt Ihnen das?"

„Sehr gut," sagte ich.

„Nun denn, also abgemacht für Montag. Gute
Nacht!"

3. Kapitel.

Worin mancherlei Interessantes mitgetheilt wird, was jeder für sich selbst lesen kann.

Am Montag setzte ich meinen Landsmann Schorch Kaltenloch, der eine schwunghafte Weinhandlung im Broadway betreibt, in Erstaunen durch meine Einkäufe. Zum Glücke hat der alte Bursche immer ein paar Kisten anständigen Nahewein auf Lager, den er selber trinkt, oder als Rheinwein verkauft, da die Amerikaner nur Rhein und Mosel als Weinströme kennen. Sein Bruder in der Heimath, der einen Wingert am Rothenfels besitzt, wo jeder Fußbreit Erde durch Anlegen von Terrassen dem nackten Felsen abgewonnen wird, und wo die liebe Sonne den ganzen Tag über den Berg wärmt und feurige Gluth in den Reben reifen läßt, hatte ihm vor kurzem ein Fäßchen auserlesenen Stoffes zugesandt, und beim Abfüllen war ich ihm als Sachverständiger zur Hand gegangen. Davon bat ich mir jetzt ein Dutzend Flaschen aus, die mir Schorch mit vielem Seufzen, denn von seinen besten Weinen trennt er sich ungern, da er sie am liebsten selber trinkt, in einen Flaschenkorb packte. Säuberlich nahm ich ihn auf und trug ihn höchst eigenhändig nach Hause.

Dort begann ich denn, meine Stube für den Besuch herzurichten. Ich rückte den Tisch in die Mitte und lieh mir die beiden Lehnstühle aus dem Wohnzimmer meiner Hausleute, die meine Vorbereitungen mit Neugierde und Besorgniß beobachteten, da sie Spektakel und zerbrochene Möbel fürchteten. Ich sagte ihnen, ein Freund von mir komme mit dem Mitternachtszuge und reise noch vor Tagesanbruch wieder weiter, und versprach ihnen die möglichste Ruhe. Das Dienstmädchen öffnete mir den Eisschrank, und ich stellte meine Flaschen hinein. Allmählich wurde es still im Hause, die Leute gingen zu Bett, und außer mir war eine alte hölzerne Wanduhr, die ich einmal auf einer Auction gekauft hatte, das einzige wache Wesen im Hause. Ich bin von Natur nicht zum geduldigen Warten angelegt, und diesmal wurde mir die Zeit ganz besonders lang. Mehrere Male fühlte ich mich versucht, die alte Uhr vorzustellen, um so das Herannahen der Geisterstunde und die Ankunft des erwarteten Besuches zu beschleunigen. Dabei fiel mir ein, welchen Zeitmesser die Geister wohl benutzten, und daß die Einführung der mitteleuropäischen Einheitszeit für sie große Unannehmlichkeiten gebracht haben muß. Ich nahm mir vor, Herrn Klappergässer darüber zu fragen.

„Ueberhaupt," dachte ich, „wäre es gut, wenn Du

Dir einen ordentlichen Fragebogen zurecht machtest, so daß Dein Interview nach allen Regeln der Zeitungs= schreibenden Kunst verläuft und ausgenützt wird."

Das war ein guter Gedanke, und ich machte mich sogleich an seine Ausführung, indem ich die folgenden Fragen aufschrieb, die ich meinem Besucher zur Be= antwortung vorlegen wollte:

1. Ist es wahr, daß die Seelen im Fegefeuer mit Feuer gereinigt werden?

2. Giebt es Frauen im Fegefeuer?

3. Wird die Hölle constitutionell oder despotisch regiert?

4. Giebt es Unterbeamte in der Hölle, oder besorgt der Teufel die ganze Verwaltung allein?

5. Wenn es Unterbeamte giebt, werden sie dann ge= wählt oder vom Teufel ernannt?

6. Giebt es einen Mäßigkeitsverein in der Hölle?

7. Welche Sprache wird dort gesprochen?

8. In welchem Verhältnisse vertheilen sich die Be= wohner der Hölle auf die verschiedenen Religionen, Nationen, Berufsarten und Geschlechter?

9. Dauern auf Erden geschlossene Ehen fort?

10. Wenn ja, müssen denn mehrmals verheirathete Leute mit allen ihren Gatten zusammenleben?

11. Wie lange dauert es, bis eine recht schmutzige Seele rein gebrannt ist?

12. Ist der Teufel verheirathet, oder führt ihm seine Großmutter das Haus?

13. Wo und wer ist sein Großvater?

14. Wird in der Hölle gegessen und getrunken und sonstigen fleischlichen Genüssen gefröhnt?

15. Giebt es Dichter in der Hölle?

Wahrscheinlich hätte ich mir noch eine ganze Reihe von Fragen ausgedacht, denn die Gelegenheit, Bewohner der Hölle zu interviewen, kommt nicht alle Tage, aber die alte hölzerne Uhr schlug zwölf, das Fenster flog auf, mein Gast kam. Aber nicht allein, sondern mit ihm kam ein langer, hagerer Geist zum Fenster herein= geflogen.

„Schmidt", sagte Herr Klappergässer, nachdem ich ihn willkommen geheißen hatte, „ich habe Ihnen hier Jemand mitgebracht, den Sie kennen."

Ich betrachtete den Langen, aber wegen der ge= spensterhaften Blässe und Durchsichtigkeit konnte ich ihn nicht erkennen. Ich schüttelte den Kopf, und der Fremde nahm das Wort:

„Kennst Du mich wirklich nicht mehr, alter Junge? Wir haben doch lange genug zusammen die Schulbank gedrückt, Trauben stibitzt und Fenster eingeworfen."

Wie er so sprach, kam mir die Erinnerung. Ich sah einen langen dünnen Jungen mit rothen Haaren und vielen Sommersprossen im Gesicht vor mir, und mit dem Rufe: „Bist Du 's denn wirklich, Rother!" breitete ich meine Arme aus, um ihn an die Brust zu drücken. Aber meine Arme gingen durch die luftige Gestalt und schlossen sich über meiner Brust, und mein wesenloser Schulkamerad sagte:

„Ja, ich bin's. Ich bin Fritz Sinkenoth, so viel noch von ihm übrig ist, worüber man allerdings kein groß Rühmen machen kann. Es war freilich nie viel Fleisch an mir, und Du hast manchen Witz über mein jämmerliches Aussehen gemacht, aber wenn wir uns balgten, dann konntest Du es doch immer fühlen, wenn ich Dir einen Rippenstoß versetzte, während Du jetzt ganz gemüthlich direct durch mich marschiren kannst, ohne auf Widerstand zu stoßen."

„Also Du bist auch im Fegfeuer, alter Freund?" sagte ich. „Das mußt Du mir erzählen, wie es Dich so früh weggeschnappt hat. Ich dachte, Du wärest da drüben in Indien oder Java und kehrtest über kurz oder lang als Nabob zurück in die Heimath."

„Das hatte ich selbst vor", sagte Fritz Sinkenoth. „Aber der Teufel hatte sein Spiel mit mir und holte mich, als ich gerade die beste Gelegenheit hatte, ein

reicher Hund zu werden. Java, mußt Du wissen, ist
ein höllisches Land, und obgleich ich so dürr war, daß
alle glaubten, es sei nicht genug Körper für irgend
eine Krankheit vorhanden, so kriegte mich doch schließlich
ein ganz verwünschtes Fieber zu packen und riß mich
weg."

„Armer Kerl!" sagte ich. „Aber kommt, Ihr
Leute, und setzt Euch her. Beim Wein läßt sich's
besser plaudern." Damit rückte ich noch einen Stuhl
an den Tisch und holte noch eine Pfeife. Wir füllten
die Gläser und stießen an, und es war wunderlich zu
sehen, wie sich der edle Saft, wie ihn die Geister in
den Mund brachten, in blauen Dunst verwandelte, der
sich durch den ganzen Körper vertheilte, was ich in
Folge der Durchsichtigkeit meiner Gäste deutlich sehen
konnte. Dann steckten wir unsere Pfeifen an und
pafften vor uns hin.

„Hab mir's gedacht," sagte Klappergässer, „daß es
Ihnen Recht wäre, wenn ich Sinkenoth herbrächte. Ich
habe ihm von Ihnen erzählt, und da bat er mich, ihn
mitzunehmen, da er mit Ihnen in die Schule gegangen
sei und Sie recht gut kenne."

„Das war Recht, sehr Recht", sagte ich, „denn
es kann noch eine gute Weile dauern, ehe ich Euch be=
suche. Besonders da ich gegenwärtig noch nicht die ge=

ringste Lust verspüre, die Erde von meinen Flügeln
abzustreifen und das ewige Leben anzutreten."

„O", meinte Fritz, „so schlimm ist das nicht,
wir haben es ganz gut im Fegfeuer. Freilich wird
es einem zuweilen langweilig, und dann besucht man
gern gute Bekannte auf der Erde. Mit der Besucherei
ist es aber auch eine etwas mühsame Geschichte, denn
mehr als drei dürfen nicht auf einmal weg, und deß=
halb müssen wir schon immer lange vorher unser Ur=
laubsgesuch einreichen, sonst läßt uns der Teufel nicht
heraus."

„Wißt Ihr was", fiel ich hier ein, „Ihr beide,
Du Fritz, und Sie, Herr Klappergäffer" --

„Sie!" unterbrach mich Fritz, der schon am siebenten
Glase Wein war, „Sie nennt Ihr Euch? Na, da hört
doch alles auf! Ganz abgesehen davon, daß zwei Kreuz=
nacher, die sich unter so sonderbaren Umständen in der
Fremde treffen, Anhänglichkeit und Zusammengehörig=
keit genug fühlen sollten, um sich zu duzen, — aber
wer hätte je davon gehört, daß ein Geist mit Sie an=
geredet worden wäre!"

„'s ist wahr," meinte Klappergäffer, „es ist
eigentlich gegen den Geistercomment und verstößt un=
fraglich gegen alles Herkommen. Wenn's also recht ist,
Landsmann, trinken wir ein Schmollis!"

„Sehr schmeichelhaft für mich", sagte ich und füllte die Gläser.

Das Schmollistrinken war mit einigen Hinder= nissen verknüpft, denn da ich den schattenhaften Arm meines neuen Duzbruders nicht fühlen konnte, so mußte ich mehrere Male seitwärts schielen, um mich zu ver= gewissern, daß unsere Arme wirklich verschlungen waren. Nachdem die Prozedur glücklich vorüber war, fuhr ich in meiner Rede fort und sagte:

„Ihr zwei könnt mir einen Gefallen thun, wenn Ihr wollt. Es herrscht nämlich auf Erden immer noch große Ungewißheit und Meinungsverschiedenheit über die Zustände im Jenseits, und da habe ich nun, gerade als Ihr hereinkamt, ein paar Fragen aufgeschrieben, deren Beantwortung über diesen interessanten Gegen= stand einiges Licht verbreiten würde."

„Gieb mal den Zettel her!" rief Klappergässer und streckte die Hand aus.

Als er gelesen hatte, meinte er:

„Das ist nicht nöthig, diese Fragen da zu be= antworten. Ich habe Dir ja schon versprochen, Dir eine Beschreibung über meine Erlebnisse und Erfahrungen zu bringen. Hier ist sie!"

Damit legt er ein Bündel Papier auf den Tisch, welches aber, wie alles, was diese beiden an sich hatten, durchsichtig war und die Farbe und Beschaffenheit des Tisches deutlich sehen ließ.

„Darin," fuhr Schambes fort, „findest Du alles, was Du wissen willst. Nur mußt Du achtgeben, daß das Tageslicht nicht auf das Papier scheint, denn sonst vergeht es und ist nicht mehr zu finden; auch mußt Du Dich beim Umwenden der Blätter in Acht nehmen, denn die sind nicht für grobe irdische Finger gemacht, und schließlich kannst Du es nur zwischen Mitternacht und dem ersten Hahnenschrei benutzen, da es die übrige Zeit unsichtbar ist. Auch darfst Du bei dem Studium des Manuscriptes keine Lampe benutzen, denn irgend ein künstliches Licht ist ihm schädlich. Du darfst also nur zur Zeit des Vollmondes darin lesen. Hast Du das alles verstanden?"

Ich bat ihn, seine Instruktionen zu wiederholen, und brachte sie sofort zu Papier, damit ich nicht durch meine Unachtsamkeit einen so überaus werthvollen Schatz einbüßen könnte.

„Sind viele von unseren Schulkameraden bei Euch?" wandte ich mich dann an Fritz Sinkenerth, und es entspann sich ein erinnerungsvolles Gespräch, an dem sich Schambes, der sich dafür dem Weine um so eifriger widmete, nur zuweilen durch eine dazwischengeworfene Bemerkung betheiligte. Fritz kam öfters in die Hei=

math und wußte von manchem Altersgenossen zu er=
zählen, den er dort gesehen hatte, wie auch von vielen,
die bereits die Kluft überschritten hatten und nun im
Schattenreiche weilten. Der dicke Peter vom Schieß=
graben, der so gut schwimmen konnte und die ganzen
Sommerferien über zum Entsetzen der weiblichen Anwohner
halb= und ganznackt in der Nahe herumwatete und
Krebse fing, war schon vor Fritz auf der Asphodelos=
wiese angelangt, nachdem er sich eines Mädchens wegen
eine Kugel in den Kopf geschossen hatte. „Jetzt ist er
aber wieder fidel," meinte Fritz, „er hat mit der
blonden Lisbeth, die Kellnerin im Wildschütz war, an=
gebandelt und die beiden kommen ganz gut mit=
einander aus."

Fritz erzählte mir weiter, früher sei es nur sehr
selten erlaubt worden, daß Seelen aus dem Fegfeuer
die Erde besuchten, das sei eine Errungenschaft des
neuen Kurses, der erst seit ungefähr fünfzig Jahren
eingeschlagen worden sei. Hier fiel Schambes ein und
sagte, darüber habe er mir in seiner Beschreibung ge=
nügend klaren Bescheid gegeben, und Fritz fuhr fort,
von unseren Schuljahren zu plaudern. „Erinnerst Du
Dich an Heinz Dabblich", rief er aus, „den schmäch=
tigen Jungen, der immer so arg weinte, wenn er
Schläge bekam, und den wir so sehr beneideten, weil

er so oft krank war und nicht in die Schule zu gehen brauchte? Der ist auch bei uns. Seine Lunge war alle, als er zu uns kam, und er schleicht immer noch trübselig herum und erzählt von den Nägelchen am Badewörth und von einer Bank im dunklen Schatten, wo er an Sommerabenden mit seinem Schatz zu sitzen pflegte. Es war die Tochter des reichen Metzgers an der Beinde, und sie ist schon lange verheirathet und hat fünf oder sechs Kinder. Wenn die wüßte, daß Dabblich immer noch nach ihr seufzt! Hahaha!

„Weißt Du, was aus dem Molles geworden ist, der da hinten im Brückes wohnte?"

„Der ging auf See, und da haben ihn die Kanni= balen aufgefressen. Er erzählt die Geschichte jedes Mal, so oft ein Neuer ankommt. Gräßlich genug ist sie. Puh!"

Und er schüttelte sich und trank Wein.

„Auch Paul ist unten", fuhr er fort. „Weißt Du, der Karl mit dem dicken Kopf, der immer die schönen Aepfel in die Schule mitbrachte, wofür wir ihn so lange prügelten, bis er sie mit uns theilte. Den hat seine Frau umgebracht. Das ist auch eine schöne Geschichte. Weißt Du, so eine Geschichte von einem sanften, blonden, lieben Engel, der sich nach der Ehe in eine wilde, struppige Teufelin verwandelte. Wenn ich nicht schon todt gewesen wäre, ich hätte mich todt gelacht, als er mir die Geschichte erzählte.

Und denn berichtete ich über die Kameraden, die ich hienieden getroffen hatte, und so saßen wir lange und schwatzten, bis uns plötzlich ein Hahnenschrei auf= schreckte, der meine Gäste so entsetzte, daß sie unceremoniell Hals über Kopf zum Fenster hinausflogen, ohne Gute Nacht zu wünschen oder Auf Wiedersehen zu sagen.

Ich aber blieb noch eine Weile sitzen und leerte in tiefen Gedanken die letzte Flasche.

---

4. Kapitel.

Welches eigentlich als Vorwort zu der Ge= schichte Klappergässers gelten kann.

Aus den Weisungen, die mir Schambes Klapper= gässer bezüglich seines Schriftwerkes gab, läßt sich sehen, daß es keine leichte Arbeit war, die ich mir da auf= gebürdet hatte. Unter solchen Umständen hat wohl noch kein Held oder Knecht der Feder ein Buch ge= macht. Da hieß es zuerst im Kalender nachschlagen, wann der Mond aufging, so daß ich meine Arbeits=

ftunben bemgemäß einrichten konnte. Aber ba kam
bann oft Regenwetter mit trübem, bebecktem Himmel,
unb ich mußte zu Bett gehen, ohne etwas ausgerichtet
zu haben.

Das Manuffript beftanb aus wohl taufenb Blätt=
chen, bünn unb fein wie bie Gewebe bes Altweiber=
fommers, bebeckt mit Buchftaben, bie nur mit ber
größten Anftrengung ber Augen zu erkennen waren.
Da brach mir ber Schweiß aus bei ber Arbeit, unb oft
war ich geneigt, bie ganze Sache mit einem Fluche ber
Ungebulb unter ben Tisch zu werfen unb aufzugeben.

Oft grübelte ich über einer berblaßten Stelle fo
lange, bis bie Augen fchmerzten unb bie Schriftzüge
berflimmerten. Unb wenn ich bann bie Augen fchloß,
fo tanzten bie unbeutlichen Buchftaben noch immer bor
mir her unb quälten mein gemartertes Hirn.

Oft wenn ich im beften Zuge war, fegte eine
fchwarze Wolke über bie lichtfpenbenbe Monbfcheibe unb
unterbrach meine Arbeit. Im Anfang erfchreckte ich mich
oft felbft, inbem ich ein Streichhölzchen anrieb, um
meine Pfeife anzuzünben, worauf bann, fowie ber
irbifche Lichtfchein auf bas Manuffript fiel, biefes ber=
fchwanb.

Dazu kam, baß ber alte Klappergäffer nicht nur
eine greuliche Hanb fchrieb, bie mich mit ber höchften

Verachtung für seinen einstigen Schreiblehrer erfüllte,
sondern daß er auch mit der Orthographie nur sehr
oberflächlich, mit der Interpunktion aber gar nicht be=
kannt war, und daß er sich häufig in endlosen Wieder=
holungen erging. Außerdem waren beide Seiten des
überirdisch feinen Materials beschrieben, und die Buch=
staben auf der Kehrseite verschlangen sich dermaßen mit
denen auf der Vorderseite, daß ich wohl hundertmal ganz
und gar verwirrt, erschöpft und vor Ungeduld und Ver=
zweiflung schwitzend innehalten und meinen gepreßten
Gefühlen durch ein kleines Gebet Luft machen mußte.

In diesen Nöthen konnte mich nur das Gefühl
ermuthigen und zur Ausharrung anspornen, daß durch
die Veröffentlichung dieses Werkes der bislang im
Dunkeln tappenden Menschheit ein unschätzbarer Dienst
erwiesen und zugleich den wackeren Kreuznachern, die
sich im Jenseits eine so achtunggebietende Stellung er=
obert haben, ein unvergängliches Denkmal gesetzt werde.

Zwar besitzen wir eine lange Reihe von Beschreib=
ungen der Zustände im Jenseits, aber es dürfte un=
schwer zu beweisen sein, wie es in vielen Fällen auch
thatsächlich bewiesen worden ist, daß diese Schilderungen
zum weitaus größten Theile der fruchtbaren Phantasie
krankhaft erregter Religiomanen ihre Entstehung ver=
danken. Viele fromme und wahrheitsliebende Pilger

hatten im Laufe der Jahre das Fegefeuer des heiligen
Patrick in Lough Derg in Irland besucht und ihre
Erlebnisse an diesem grausigen Orte erzählt. Aber
schließlich stellte sich heraus, daß der Eingang zum
Fegefeuer sich mit Nichten auf der Grünen Insel be=
findet, und daß diese Erzählungen nicht auf Wirklich=
keit, sondern auf Einbildung beruhen.

Beda, der Chronist der Angelsachsen, erzählt von
einem Manne Namens Drithelm, der aus dem Fege=
feuer auf die Erde zurückgekehrt sei und über das Ge=
schaute und Erlittene berichtet habe. Dieser Bericht
könnte von Werth sein, wenn er nicht gar so alt wäre
und deßhalb unser gerechtes Mißtrauen erwecken müßte.
Viele andere Vorstellungen des Aufenthaltes in Himmel
und Hölle sind überhaupt nur aus Träumen entstanden.
Darüber will ich kein Wort verlieren, denn es ist ja
männiglich bekannt, daß Träume Schäume und nicht
zuverlässig sind, wobei ich gar nicht erwähnen will, daß
es überhaupt sehr schwer ist, sich eines Traumes deut=
lich zu erinnern.

Aus dem Gesagten wird wohl genugsam hervor=
gehen, daß zuverlässige Berichte über das Jenseits uns
annoch fehlen. Mit großer Zuversicht bringe ich daher
dem Publikum diese Gabe aus der Geisterwelt, welche
mancherlei alte Irrlehren widerlegen und das mensch=

liche Wissen um ein Erkleckliches erweitern wird. Der
Mann, der in dieser Schrift zu uns spricht, erzählt
aus eigener Anschauung, und aus der schlichten Sprache,
die ich trotz bedeutender Umarbeitung des Ganzen
überall beibehalten habe, wo es thunlich war, geht zur
Genüge hervor, daß es sich um die ungeschminkte,
wahrheitsgetreue Schilderung eines biederen Mannes
handelt, dem die Lüge fremd und die Verstellung ein
Greuel ist.

Leider gibt uns Klappergässer über das Treiben
im Paradiese, im limbus infantum und im limbus
patrum nur wenig, über die eigentliche Hölle gar kei=
nen Aufschluß. Desto vollständigere und genauere Aus=
kunft erhalten wir dagegen über das Fegfeuer. Dies
nun ist meines unmaßgeblichen Dafürhaltens für uns
bei weitem der wichtigste Ort im Jenseits. Daß einer
meiner Leser als ungetaufter Säugling sterben und in
den limbus infantum kommen sollte, dünkt mir sehr
unwahrscheinlich, und ebenso unglaubhaft ist es, daß
meine Leser als vor Christi Geburt gestorbene tugend=
hafte Männer den limbus patrum beziehen sollten.

Als ganz und gar verdammte Seelen in die Hölle
zu müssen, wird keinem passiren, der vor dem Richter=
stuhl als mildernden Umstand der begangenen Tod=
sünden die Lectüre dieses meines Buches geltend machen

kann. Eine Beschreibung dieses Ortes, allwo Heulen und Zähnklappern herrscht, wäre also an dieser Stelle unnöthig. Und ebenso zwecklos scheint mir eine Darstellung der Zustände im Paradiese, denn wohl keiner meiner Leser wird so im Wahne seiner eignen Gutheit und Tugend befangen sein, um zu glauben, seine Seele werde gleich nach dem Tode zum Paradiese eingehen dürfen. Wer das glaubt, der wird sich brennen, wie man in Kreuznach sagt.

Kurz, dem vernünftigen Menschen, der seine Fehler kennt, ohne für seine guten Seiten blind zu sein, wird es einleuchten, daß wir so ziemlich alle in's Fegfeuer müssen, damit uns dort die Flecken ausgebrannt werden, worauf wir im Unschuldsgewande das Paradies betreten und, Lilienstenglein in den Händen, allerlei schöne Lieder singen werden. Keiner von uns ist ein so vollkommener Bösewicht, um zu den ewig Verdammten in die Hölle geworfen zu werden, keiner auch ein so durchaus unschuldiger Suppenkaspar, um direct gen Himmel zu fahren. Somit bleibt uns nur das Fegefeuer, und dies hat Klappergässer so eingehend beschrieben, daß wir uns sofort nach unserer Ankunft daselbst zurechtfinden werden, ohne die Hülfe eines Schutzmannes, einer Karte oder eines Bädekers in Anspruch nehmen zu müssen.

Mit bewundernswerthem Fleiße, — ich darf es wohl sagen, — habe ich das gesammte Manuscript beim Mondenscheine copirt, später die häufigen Wieder= holungen gestrichen, einige hunderttausend Kommas, Punkte und sonstige Interpunktionszeichen hineingesetzt und den mitunter gar verworrenen Stil geklärt. Außer= dem habe ich insofern eine Aenderung vorgenommen, als ich die erste Person, in der Klappergässer erzählte, in die dritte verwandelt habe. Dies geschah deßwegen, weil man in der dritten Person gar manches von sich sagen kann, was einem in der ersten die Bescheidenheit nicht zuläßt. Schambes hat sich im ganzen Laufe seiner überirdischen Erlebnisse so umsichtig, tapfer und weise benommen, daß ich mir nicht versagen konnte, hier und da seine Thaten etwas lebhafter herauszu= streichen, als er selbst es in seinem Manuscripte ge= than hatte. Ich erwähne dies, damit nichts mißver= standen werde und damit niemand Herrn Klappergässer für einen Prahlhans erkläre.

Somit übergebe ich denn das Werk dem Publikum mit dem Wunsche, daß es in mancher verstockten Seele einen Umschwung bewirken und ihren Eigenthümer auf den richtigen Pfad zum Fegefeuer führen möge!

5. Kapitel.

Ein Kreuznacher im Himmel.

„Ein Kreuznacher im Himmel! Als ob das mög=
lich wäre!" höre ich den Leser beim Erblicken der
Ueberschrift ausrufen. Aber nur Geduld! Wenn ein
Kameel durch ein Nadelöhr gehen kann, warum sollte
dann nicht ein Kreuznacher in den Himmel kommen?
Ich habe meine Geschichte aus bester Quelle und bürge
für ihre Wahrheit, obgleich ich aus naheliegenden
Gründen meine Gewährsleute nicht in persona bei=
bringen kann.

Der Kreuznacher Schambes (Jean Babtist) Klapper=
gässer war gestorben, und seine Seele flatterte in dem
finstern Raume der Unendlichkeit herum, vergebens
nach einem Ruhepunkte ausspähend, wo sie sich nieder=
lassen und ausschnaufen könnte, denn der Weg war
weit, und Schambes fing an müde zu werden.

Da leuchtete ihm aus der Ferne ein heller Schein
entgegen, und Schambes beeilte sich dorthin zu kommen.
Der Schein rührte von der Himmelspforte her, wo
hinter einem kleinen Schiebefenster der heilige Petrus
saß und auf die Ankunft der frommen Seelen wartete.

Schambes kam keuchend an und forderte Einlaß.

„Wer ist da?" fragte der Heilige.

„Ich!" sagte Schambes.

„Wer? Was für ein Ich?"

„Ich, der Schambes Klappergässer!" antwortete der Kreuznacher.

„Klappergässer," wiederholte Sanct Petrus und wiegte nachdenklich das Haupt, „was für ein Klappergässer?"

„Schambes Klappergässer aus Kreuznach!"

„Aus Kreuznach! Das thut mir leid, aber Kreuznacher dürfen hier nicht herein. Der Weg nach der Hölle geht links um die Ecke!"

„Aber Herr Petrus, ich bin doch immer ein ordentlicher Kerl gewesen und —"

„So? Ein ordentlicher Kerl bist Du gewesen? Sag' einmal, bist Du nicht der Bursche, der immer im Wirthshaus die lauten Reden führte, und der wohl hundert Mal gesagt hat, das mit dem Himmel und der Hölle sei Unsinn? Wenn man todt wäre, dann habe alles sein Ende, beim Menschen sowohl wie beim Thier? Und Dir wäre es egal, was später aus Dir würde, wenn Du nur bei Lebzeiten satt zu essen und zu trinken hättest?"

„Ja," meinte Schambes zögernd, „ich glaube, das habe ich gesagt, aber du lieber Gott, der Mensch kann sich doch irren. Ich habe mich eben geirrt, das ist doch nicht so schlimm, und es thut mir jetzt auch leid, und ich verspreche —"

„Nein, das nützt Dir jetzt nichts mehr," unter= brach ihn der Heilige streng, „dazu ist es zu spät. Marsch mit Dir in die Hölle!"

„Ach lieber Herr Petrus," bat der arme Scham= bes, „wenn ich denn in die Hölle muß, so seien Sie wenigstens so gut und rufen Sie einen Augenblick meinen Onkel Schah (Jean) her, damit ich dem er= zählen kann, was es Neues in Kreuznach gibt."

„Wie heißt Dein Onkel?" fragte der Heilige, den der jämmerliche Ton des Kreuznachers weicher stimmte.

„Schah Ellerbacher."

„Ist er aus Kreuznach? Dann mußt Du ihn wahrscheinlich in der Hölle suchen."

„Nein, er ist aus Winzenheim und war ein frommer Mann."

„Was war er?"

„Weinhändler," sagte Schambes.

„Dann mach' nur, daß Du weiterkommst," ent= schied Petrus. „Weinhändler kommen überhaupt nicht in den Himmel."

Der arme Schambes stand und kratzte sich am Kopfe. Nach einer Weile bat er: „Ach lieber Herr

Petrus, wollen Sie mir nicht einen einzigen kleinen Gefallen thun, ehe ich in die Hölle muß?"

„Was willst Du?" fragte Petrus, „aber eile Dich, denn ich habe nicht Zeit genug, um mit Jedem eine halbe Stunde zu plaudern, der herein will."

„Sehen Sie, Herr Petrus, ich habe schon so viel von dem Himmel und dem Paradies gehört und wie wunderherrlich es darin zugehen soll, daß ich gar zu gerne einmal hineinguckte. Bitte, lassen Sie mich gerade nur einen Augenblick hineinsehen."

„Geht nicht," sagte der Heilige.

„Ach, bitte schön, nur ein ganz kleines Augenblickchen, nur die Nase will ich hineinstecken. Bitte, bitte, lieber Herr Petrus."

„Na dann komm!" sagte Petrus, und nachdem er sich vorsichtig umgeschaut hatte, ob auch Niemand in der Nähe sei und sein reglementwidriges Benehmen beobachte, öffnete er die Thür ein klein wenig, damit Schambes durch die Spalte sehen könne.

„O, wie herrlich," rief Schambes und zwängte den Fuß zwischen die Thüre und die Schwelle, damit der Heilige sie nicht wieder zumachen könne.

„Die Herrlichkeit blendet mir die Augen!" rief er und zwängte den Fuß immer weiter vor, zugleich sein breites Hintertheil durch den Spalt schiebend.

„Was machst Du da?" rief Petrus. „Mach, daß Du hinauskommst! Wenn der liebe Gott Dich hier erwischt, geht es uns beiden schlecht!" Aber Schambes hörte nicht auf die Worte des himmlischen Pförtners, sondern gab plötzlich einen gewaltigen Ruck, der den erschrockenen Heiligen beinahe über den Haufen geworfen hätte, und sprang dann ganz und gar in den Himmel.

Und nun steckte er die Hände in die Hosentaschen und beschaute sich die ganze Herrlichkeit so gemüthlich und ruhig, als ob er sein ganzes Leben lang im Paradiese herumspaziert sei. Petrus aber befahl und bat und flehte und räsonnirte — alles ohne Erfolg, denn der Kreuznacher wußte, daß mit Gewalt Niemand mehr aus dem Himmel geworfen wird, seit die Geschichte mit Lucifer ein so böses Ende genommen hat. Er spazierte also munter und guter Dinge auf und ab und kümmerte sich gar nicht um die Verzweiflung des alten Pförtners, den er so schmählich hintergangen hatte.

Petrus war außer sich. Dieser Schambes mußte hinausgeschafft werden, denn ein räudiges Schaf steckt die ganze Herde an, und einem Kreuznacher ist nichts Gutes zuzutrauen. Und wenn dann die Geschichte dem lieben Gott zu Ohren kam, dann war's um ihn

geschehen. Der war im Stande und nahm ihm die
Schlüssel ab, um einen andern in sein Amt einzusetzen.
Es war schrecklich!

In seiner Noth sah er den Heiligen Ivo, den
Schutzpatron der Advokaten, vorübergehen, und sofort
wandte er sich an ihn, um seinen Beistand zu erbitten.
Aber Ivo machte es wie die seinem Schutze empfohlenen
Erdensöhne. Er runzelte die Stirn, zog die Augen-
brauen so hoch, bis sie sich mit seinem Kopfhaar ver-
einigten und sagte dann:

„Es thut mir leid, lieber Petrus, aber wenn Du von
mir einen professionellen Rath verlangst, so bekomme
ich vorher zwei Thaler. Wenn ich von dieser heiligen
Regel abgehe, der ich das leuchtende Vorbild der Rechts-
gelehrten bin, so wird alle Ordnung im Advokaten-
stande über den Haufen geworfen, und meine Schutzbe-
fohlenen sind im Stande, sich einen anderen Patron auszusuchen, der die Regeln besser befolgt und für seine
Leute sorgt. Wenn Du aber einen freundschaftlichen
Rath als Collee und Mitheiliger verlangst, so kann
ich Dir nur sagen, daß Du Dir da eine böse Suppe
eingebrockt hast, die Du auch ausessen mußt.“

Damit wandte sich Ivo ab und schritt von hin-
nen, während der arme Petrus trübselig nach dem
Kreuznacher hinschaute, der sich vor der himmlischen

Hofkapelle aufgestellt hatte und die Melodien der Engel nachpfiff, wozu er den Tact mit den Füßen stampfte. Dem hintergangenen Pförtner trat der Angstschweiß auf die Stirne, denn jeden Augenblick konnte jetzt der liebe Gott kommen und den Fremden sehen, dessen Bewegungen immer toller wurden. Schambes gefiel die Musik ganz gut, und als er sich an den Rhythmus gewöhnt hatte, packte er einen kleinen Engel, der gerade an ihm vorüber wollte, unter den Flügeln und begann einen lustigen Rheinländer. Der kleine Engel bemühte sich vergebens, von den Fäusten des Kreuznachers loszukommen. Der stampfte lustig weiter, und von Zeit zu Zeit sandte er einen gellenden Jauchzer in die Luft und schwang den kleinen geflügelten Burschen hoch in die Höhe.

Wäre Petrus nicht ein Heiliger und im Himmel gewesen, ich glaube, er hätte geflucht, als er das Benehmen des Eindringlings sah. So aber wollte er schier verzweifeln, als plötzlich der Heilige Theodotus, der als Gehülfe des taufenden Johannes das Amt des Mundschenken im Paradiese versieht, um die Ecke bog. Der schaute ganz vergnügt drein, als er Schambes springen sah und jauchzen hörte, aber als dann sein Blick auf den Pförtner fiel, trat er zu diesem und fragte, warum er sein Gesicht in so griesgrämische Falten zöge. Petrus erzählte die Geschichte, und der Schutzpatron der Wirthe lachte und sagte:

„Ja, so sind sie Alle. Ich kenne sie gut, die Kreuznacher! Es sind ganz tüchtige Kerle, schreien zwar arg im Wirthshaus und haben ihren Spaß an groben Worten und derben Scherzen, aber ich mag sie ganz gut leiden."

„Ja, ja," sagte Petrus, „das ist ja ganz gut und schön, aber hier im Himmel können wir sie doch nicht gebrauchen. Der e i n e Bursche da macht ja mehr Lärm und Unfug, als die ganze Menge der himmlischen Heerschaaren. Wenn ich ihn nur hinaus=schaffen kann, ehe der Alte etwas merkt."

„Es ist wahr," meinte Theodotus kopfschüttelnd, „in den Himmel passen die Kreuznacher nicht. Schade dafür, denn weißt Du, Petrus, ein bischen langweilig ist es doch manchmal hier oben, und mit ein paar lustigen Burschen, die Wein trinken und Lieder singen, wäre die Sache doch gewissermaßen schöner. Das ewige Zuckerwasser und Halleluja singen — na, runzle nur die Stirne nicht so, alter Knabe," unterbrach er sich hier, denn Petrus hatte eine immer strenger werdende Miene angenommen, „ich will Dir auch helfen, den Kreuznacher hinauszuschaffen, obgleich ich ihn gern hier

behielte. Ich war oft genug in dem schönen Städt=
chen und weiß, wie die Leute dort zu behandeln
sind."

Damit trat Theodotus zu einer Schaar Engel,
die sich um Schambes angesammelt hatten und sein
seltsames Gebahren anstaunten. Der Heilige nahm
einige der Engel beiseite und flüsterte ihnen etwas ins
Ohr, worauf sie sich durch die Pforte vor die Paradies=
mauer begaben.

Schambes tanzte weiter und amüsirte sich, aber
plötzlich hielt er inne. Ein seltsames Getöse und
Stimmengewirr klang über die Mauer herüber. Ein
schrilles Durcheinander von Gassenhauermelodien, jauch=
zenden Rufen, Trommelwirbeln, Trompetenblasen,
ausrufenden und anpreisenden Stimmen, Gläsergeklirr,
Tanzmusik, Menageriegeheul, vermischt mit einem
wunderbaren Conglomerat undefinirbarer Töne schlug
an des Kreuznachers Ohr.

„Herrgott Strambach!" sagte er, „was ist denn
da los?"

„Das weißt Du nicht?" fragte Theodotus und
lächelte, „und Du willst von Kreuznach sein! Heute
feiern wir Kreuznacher Markt und —"

Aber Schambes ließ ihn nicht ausreden.

„Was?" rief er, „der wird hier gefeiert? Hurrah! Wie komm' ich hin? Schnell! Juchhe!"

Und er warf die Mütze in die Luft und stürzte zur Thür hinaus, dem weisenden Finger des Heiligen folgend.

Aber krachend flog die Pforte hinter ihm zu, der fröhliche Lärm verstummte, die Engel, die ihn gemacht hatten, lachten spöttisch den armen Kreuznacher aus und flogen über die Mauer in das Paradies zurück.

Schambes Klappergässer stand trübselig da und sah, wie sie verschwanden. Petrus aber grinste etwas schadenfroh aus dem Schiebfensterchen und rief: „Links um die Ecke!"

Und Schambes seufzte und ging.

Anmerkung des Herausgebers: Es ist mit hoher Freude zu begrüßen, daß durch die Lebensbeschreibung Klappergässers jetzt endlich die so sehr wichtige Streitfrage über die Persönlichkeit des himmlischen Mundschenken gültig entschieden ist. Bisher war die Ansicht vorherrschend, daß der Heilige Urban Schenke sei, während es in einem alten deutschen Liede, so in „Des Knaben Wunderhorn" zu finden, heißt:

Dabid spielt die Harfen,
Ulrich brat die Karpfen,
Margareth backt Küchlein genug,
Paulus schenkt den Wein in Krug.

Es ist sehr zu bezweifeln, daß der Verfasser dieses Liedes wie Klappergässer aus eigener Anschauung berichtet, weßhalb

7. Kapitel.

Ein Kampf mit dem Teufel und allerhand Aufschluß über die Hölle und ihren Fürsten.

Unserem Kreuznacher war es gar nicht gut zu Muthe, als er so einherschlich und an die seiner wartenden Höllenqualen dachte. Sehnsüchtig schaute er an der Himmelsmauer in die Höhe, aber die war glatt wie Glas, und an Hinüberklettern war nicht zu denken.

Während er so den Kopf hochhielt und des Weges nicht Acht hatte, fühlte er plötzlich, wie der Boden unter ihm verschwand und er mit Blitzeseile in die Tiefe sauste. Er hatte kaum Zeit, die Augen zu schließen und zu denken: „Jetzt geht's in die Hölle!" als er schon wieder festen Boden unter den Füßen spürte.

Aber ehe er zur Besinnung gekommen war und sich umgeschaut hatte, fühlte er eine krallige Hand, die

---

der Herausgeber dem Letzteren Glauben zu schenken geneigt ist. Daß Johannes der Täufer Oberschenk sein muß, leuchtet Jedem ein, der weiß, wieviel das „Taufen" mit dem Weine zu thun hat, und da Theodotus bei Lebzeiten Weinwirth zu Ancyra in Kleinasien war, so konnte Johannes sich kaum einen besseren Gehülfen aussuchen.

4

ihn von hinten am Halse packte und ihn wegzuzerren suchte.

Allen Kreuznachern ist der Instinkt eigen, daß sie, sobald ihnen eine fremde Hand gewaltthätig auf den Leib gelegt wird, ohne Ueberlegung und Besinnung, denn dazu lassen sie sich keine Zeit, auf den Angreifer losschlagen.

Dieser löblichen Tradition seiner Landsleute folgte auch Schambes, als er sich schnell wie der Blitz umwandte und einem bösartig aussehenden schwarzen Kerl, der ihn am Kragen gepackt hatte, mit der geballten Faust zwischen die Augen schlug, daß die Funken stoben. Aber der Schwarze erholte sich bald von seiner Verblüffung, und nun regnete es Püffe und Stöße, die einem Preisboxer Freude gemacht hätten. Schambes schaute sich vergebens nach einem Bierglas oder Stuhlbein um, das ihm bei seinem Kampfe hätte dienlich sein können, — das Meublement war äußerst dürftig, und es war keine handliche Waffe zu sehen.

Der Schwarze war ein starker Kerl, und obgleich Schambes bei allen Wirthshausschlägereien in Kreuznach sowohl, als auch bei den Kirchweihen der umliegenden Dörfer wegen seines schnellen Auges und seiner schweren Faust berühmt und gefürchtet war, so hatte er doch hier einen gefährlichen Gegner gefunden.

Der Schweiß rann ihm vom Körper, und seine Brust keuchte immer schneller nach Luft, aber trotzdem gab er nicht nach, denn er fühlte, daß auch sein Gegner zu ermatten anfing, und daß die Püffe nicht mehr so hart und schnell fielen, wie am Anfang.

In engster Umarmung rollten die Beiden am Boden herum, bald war der Schwarze, bald Schambes oben, und kein Ende des Kampfes war abzusehen. Da gelang es dem Kreuznacher, die Kehle seines Gegners so geschickt in die rechte Hand zu bekommen, während er mit der linken den rechten Arm des Schwarzen umspannt hielt, daß er nach allen Regeln der Kunst zu würgen und drosseln beginnen konnte. Das that er denn auch, mit einem Erfolge, der nur nach vorhergegangener reicher Erfahrung zu erlangen ist, bis der Schwarze erst blau, dann purpurn und schließlich gelblichweiß im Gesicht wurde, während ihm die Augen wie Glaskugeln vor den Kopf traten. Seine Arme und Beine sanken schlaff zusammen, und Schambes setzte sich auf seine Brust und ruhte sich aus.

„Himmel alle Welt!" schnaufte er, „das war ein heißes Stück Arbeit. Das ist ein Herrgottsackermenter, dieser schwarze Kerl da. Wenn er es noch fünf Minuten ausgehalten hätte, wäre ich futsch gewesen. Wundere mich, ob er ganz kaput ist. Nein, er athmet

4*

noch, ich muß ihn unschädlich machen, sonst fängt die Keilerei noch einmal an, und ich hab', hol' mich der Teufel, genug davon."

Bei den letzten Worten bewegte sich der am Boden Liegende, schüttelte schwach den Kopf und flüsterte:

„Nein, geh' fort, ich will Dich nicht holen!"

„So, Du alter Türke," sagte Schambes, „Du bist also der Teufel. Na, den hätte ich mir anders vorgestellt. Ich dachte, Du wärest ein Kerl -wie ein Berg. Ein starker Bursche bist Du zwar, das will ich Dir lassen, aber wir Kreuznacher sind auch nicht von Stroh!"

Hier zuckte der Teufel zusammen und sagte:

„Hu, ein Kreuznacher bist Du? Warum hast Du das nicht gleich gesagt? Hätte mir's freilich auch denken können, daß Du von der Gegend bist, wie Du mich so wüthig an der Kehle gepackt hast."

„Siehst Du, Teufelchen. in Zukunft fragst Du die Leute hübsch schön, wo sie herkommen und wie sie heißen, ehe Du ihnen mit Deinen schwarzen Pfoten in's Gesicht fährst. Hast wohl schon Kreuznacher kennen gelernt, sind wahrscheinlich genug hier unten bei Dir. Feine Kerle, nicht wahr?"

„Ja, ja," beeilte sich der arme Teufel, „arg feine Herren, sind nur ein bißchen grob. Es sind ganz viele hier unten, aber nicht bei mir. Ich habe nichts mehr mit ihnen zu thun. Wir hatten ein kleines Miß= verständniß, und da habe ich es vorgezogen, ihnen ein Stück der Hölle zu überlassen und mich mit meinen anderen Angehörigen auf den übrigen Raum zu be= schränken."

„Donnerwetter! Das ist ja ganz famos! Aber wer führt denn die Aufsicht in der Kreuznacher Hölle?"

„Weiß nicht," machte der Teufel mürrisch, „will's auch gar nicht wissen. Ist mir ganz egal, was die Bande anfängt, ich bin nur froh, daß ich sie los bin."

„Na, sei nur nicht zu üppig," warnte Schambes, „sonst setzt's Keile, weißt Du. Schimpf' mir nicht auf meine Landsleute. Wahrscheinlich bist Du ihnen zu frech gewesen, und deshalb haben sie Dich hinausge= schmissen. Das geht mich vorläufig weiter nichts an, ich werde der Sache schon auf den Grund kommen. Zuerst aber, Alterchen, möchte ich mir einmal Deine Hölle ein bischen ansehen. Also komm' und führ' mich herum!"

Der Teufel erhob sich mühsam und hinkte vor Schambes Klappergässer her, der ihm noch sagte:

„Aber keine Dummheiten! Hörst Du, Teufelchen! Sowie ich merke, daß Du irgend eine Teufelei vor= hast, giebts was aufs Fell!"

„Fällt mir nicht ein, mich noch einmal mit Dir herumzubalgen," erwiderte der Teufel, „ich habe nicht die geringste Absicht, Dich hier zu behalten, das kannst Du mir getrost glauben. Ich habe hier Seelen genug ohne Dich, und mit den Kreuznachern will ich nichts mehr zu thun haben. Je eher Du Dich aus der Hölle fortmachst, desto lieber ist es mir!"

„Gut, dann geh' voran und führ' den Weg!"

Der Teufel brachte seinen Begleiter an ein eisernes Gitterthor, wo er auf einen Knopf drückte. Eine Klingel ertönte, und ein Aufzug kam heraufgesaust. Die beiden traten ein, und der Fahrstuhl senkte sich.

„Ich muß doch sagen," meinte Schambes, „daß man Euch auf Erden groß Unrecht thut. Man glaubt dort, alles in der Hölle wäre im primitivsten Zustande, und wenn mir Jemand erzählt hätte, hier unten gebe es elektrische Klingeln, und Aufzüge, so hätte ich ihn als einen Lügner verlacht."

Der Teufel schmunzelte und sagte:

„Ja, die Menschen haben dumme Vorstellungen von mir und meinem Reiche. Warum sollten wir hier unten nicht ebensogut mit der Kultur vorschreiten, wie Ihr da oben auf der Erde? Alle Eure Erfindungen wenden wir hier sofort an, denn es dauert nie sehr lange, bis einer herunter kommt, der sie anzubringen

versteht. Mein Centralbureau z. B. steht in telepho=
nischer Verbindung mit allen Unterämtern, geheizt wird
jetzt nicht mehr mit offener Flamme, sondern mit
Dampf, die ganze Hölle ist mit elektrischem Glühlicht
erhellt, und das alte Folterbett mit glühenden Stacheln,
welches die selige Margarethe Alacoque im Traume
sah, habe ich durch ein mit Elektrizität geladenes
Drahtbett ersetzt, das dieselben Dienste thut. Das
Schöne bei dieser Neuerung ist, daß die Sache viel
handlicher von Statten geht. Wenn ich früher eine
arme Seele auf dem Bette liegen hatte, so mußte
immer einer dabei stehen und schüren, damit die richtige
Temperatur erhalten blieb, jetzt aber brauche ich nur
auf einen Knopf zu drücken, um dem Gesolterten so
viel Elektrizität in den Leib zu jagen, wie mir gerade
gut dünkt. „J'ai changé tout cela," kann ich auch
sagen. All' das alte Gerümpel habe ich abgeschafft
und durch die neuesten Erfindungen ersetzt. Siehst Du,
zum Beispiel —"

„Hör' mal, alter Bursche," unterbrach ihn hier
Schambes, der sich jetzt sicher fühlte und keine Angst
mehr vor dem Teufel hatte, „diese Duzerei gefällt mir
nicht. Meines Wissens habe ich mit Ihnen nicht auf
der Schulbank gesessen. Ich möchte also darum
bitten —"

„Gut, wenn es Ihnen so besser paßt," beeilte sich der Höllenfürst, „hier bei mir ist es nur so Mode. Wir duzen uns alle, Sie müssen also entschuldigen, wenn ich aus Gewohnheit —"

„Schon gut, schon gut," sagte Schambes, „fahren Sie fort in Ihrem Bericht."

Der Teufel räusperte sich und erzählte dann weiter:

„Nun, früher war die Hölle ein unangenehmer Aufenthalt, wie Sie wohl wissen werden. Fast die Hälfte meiner Leute mußte ich damit beschäftigen, die andere Hälfte zu quälen. Wenigstens war dies der Fall, soweit meine eigentliche Domäne, die Hölle und das Fegefeuer, in Betracht kommen. Um den Limbus puerorum und den Limbus patrum habe ich mich nie viel gekümmert, das sind zwei scheußlich lang= weilige Plätze, womit ich nichts zu thun haben will.

Aber in der Hölle und im Fegefeuer ging es im Anfang lustig genug her. Eine Zeitlang hatte ich im Fegefeuer die armen Seelen nach Ständen einge= theilt, wie die spanischen Mönche vor 300 Jahren sehr ausführlich beschrieben haben. Ich hatte acht Abtheil= ungen eingerichtet, nämlich für Könige, Prinzen, hohe Adelige, niedere Edelleute, Kaufleute, Standesdamen, Damen der Mittelklassen und das gewöhnliche Volk. Die letzteren quälte ich am wenigsten, sondern stellte sie hauptsächlich an, die übrigen sieben Klassen zu plagen, was sie denn auch nach bestem Können verrichteten, ohne daß ich nöthig hatte, sie viel anzufeuern.

Gleich am Eingang zum Fegefeuer hatte ich früher ein Lustwäldchen von feurigen Bäumen, an denen ich die Sünder aufhängen ließ, um dann gar anmuthige Spaziergänge darunter zu machen. Die Engel stellten immer ein Verhör mit den Seelen an, die am Himmelsthor Einlaß begehrten, und gaben ihnen ein Zeugniß mit, woraus ich ersehen konnte, wie und was sie gesündigt hatten und wie lange sie büßen sollten. Hatte dann einer mit der Zunge gesündigt, so wurde er an diesem Gliede aufgehängt, waren es die Hände, so ging es über diese her, u. s. w. Ein hübscher kleiner Spaß, den ich mir ausgesonnen hatte, und den der Angelsachse Drithelm nach seinem Besuche bei mir beschrieben hat, bestand darin, daß ich die Sünder abwechselnd in einen glühenden Pechsee und von da auf einen eisigen Schneehaufen werfen ließ, wobei ich ihnen keine Sekunde Ruhe gewährte. Dabei benutzte ich eine besondere Art Feuer und eine überirdische Art Frost, sodaß die Schmerzen, die eine Seele bei mir in einer Sekunde aushalten mußte, schlimmer waren, als was der Heilige Lorenz auf dem Rost duldete, wie der Heilige Augustin sehr richtig bemerkt. Auch · hat

Augustin Recht, wenn er meint, die armen Seelen im
Fegefeuer würden sich wie in einem Lustgarten bei
kühlen, fächelnden Winden vorkommen, wenn ihnen ge=
stattet würde, sich in gewöhnliches irdisches Feuer zu
setzen.

Mein Hauptspaß war es, Einen hübsch langsam
am Bratspieß zu rösten und ihn dann auf dem Eise
steif frieren zu lassen. Im großen und ganzen habt
Ihr mit Euren Ansichten über das Fegefeuer ziemlich
Recht, aber wenn Ihr wie Dominico de Soto glaubt,
länger als zehn Jahre bliebe keine Seele im Fegefeuer,
so seid Ihr sehr im Irrthum. Ein paar hartgesottene
Sünder habe ich hier, die zugesehen haben, als Marie
Antoinette geköpft wurde. Wenn Sie in die Kreuz=
nacher Abtheilung kommen, so werden Sie da auch ein
paar Burschen treffen, die zu Zeiten des Schinder=
hannes schon ihr Wesen trieben. Die hätten eigent=
lich direkt in die Hölle gehört, aber der Alte meinte,
sie könnten sich noch bessern, und so wurden sie in's
Fegefeuer geschickt."

„Wo ist denn eigentlich die Hölle?" fragte
Schambes.

„Die ist ganz unten", gab der Teufel zur Ant=
wort. „Zuerst kommen wir zu dem Limbus Patrum,
auch Abrahams Schooß genannt. Dort darf aber

heute kein Weißer mehr hinein. Nur noch Neger, oder Asiaten, die nichts vom Christenthum gehört und doch ein reines Leben geführt haben, kommen dahin, um auf den jüngsten Tag zu warten. Gequält werden sie nicht, aber sie müssen warten, bis der jüngste Tag kommt."

„Muß eine langweilige Gesellschaft sein", meinte Schambes, „aber ich möchte doch ganz gern einmal hineingehen, um mir die Geschichte anzusehen."

„Das wird nicht angehen", sagte der Teufel, „ich habe Ihnen ja schon gesagt, daß nur Neger uud sonstige Heiden, die nie von Christus gehört haben, hineindürfen."

„Ich will aber hinein", sagte der Kreuznacher, den diese Zurückweisung ärgerte. „Machen Sie mir also keine Flausen vor, sondern halten Sie an, wo es in Abraham's Schooß geht, damit ich aussteigen und die Geschichte betrachten kann. Verstanden?"

Der arme Teufel gab nach, bald hielt der Fahr= stuhl an, und Schambes stieg aus, während der Teufel weiter hinabsauste.

———

8. Kapitel.

Schambes Klappergässer besucht Abrahams Schooß und verläßt ihn sehr plötzlich und unceremoniell.

Als der Teufel ihn verlassen hatte, besah sich Schambes seine Umgebung und entdeckte, daß er vor einem großen Marmorportal stand. Zu beiden Seiten desselben erhob sich ein wunderbarer Säulenbau, der bis zu schwindelnder Höhe aufstieg. Eine breite Treppe führte hinauf zu dem Eingang, der von einer offenen Säulenhalle in das Innere führte.

Schambes besann sich nicht lange und kletterte die Stufen hinauf. Oben saß ein alter Mann mit versteinerten Zügen, der bei dem Herannahen unseres Freundes aufsah und ihn mit erhobenem Finger nach seinem Begehr fragte.

Der Kreuznacher war trotz seines natürlichen Selbstbewußtseins etwas verschüchtert, denn einen so ehrwürdigen Greis hatte er noch nie gesehen. Ein langer weißer Bart wallte die Brust herab, während silberne Locken auf die Schultern fielen. Ein glänzendes, faltenwerfendes weißes Gewand verhüllte seinen Körper, und in der Hand hielt er einen langen Stab mit krummem Griff. Aus seinen Augen aber strahlte ein so überirdisches, mildes und doch strenges Feuer, daß es bei ihrem Blicke unserem Schambes ganz weh= leidig und jämmerlich zu Muthe wurde.

„Ich — ich — entschuldigen Sie," stotterte er endlich, „ich möchte gern da hinein."

„Wer bist Du?" fragte der majestätische Greis.

„Ich bin der Schambes Klappergässer aus Kreuz= nach!"

„Ja, was willst Du denn hier? Wie kommst Du denn überhaupt hierher?" gab der erhabene Thorhüter erstaunt zurück. „Hier ist doch der Aufenthalt für gute und reine Menschen, die nie von dem Christen= thum gehört haben. Kreuznach aber hat schon seit vielen Jahrhunderten den alleinseligmachenden Glauben angenommen. Wie also kommst Du hierher?"

„Ja wissen Sie," antwortete Schambes, dem die Geschwätzigkeit des Alten wieder einigen Muth einge= flößt hatte, „ich bin nämlich hierher geschickt worden, um die Zustände im Limbus Patrum zu untersuchen und darüber Bericht zu erstatten. Es sind arge Be= schwerden über die Mißwirthschaft eingelaufen. Es heißt, daß der alte Abraham seine hohe Stellung da= zu benutzt, alle einflußreichen Stellen an seine Günst= linge zu vergeben, und daß er verdienstvolle Männer sehr zurücksetzt."

„Was?" schrie der Alte, und seine steinernen Gesichtszüge wurden rothblau vor Zorn. „Wer hat das behauptet?"

„Jenun, regen Sie sich nur nicht so auf, alter Herr!" beruhigte ihn Schambes. „Den Instruktionen zufolge, die ich erhalten habe, ist eine geheime Versammlung abgehalten worden, wobei Confucius, Gautama und Thales die Hauptredner waren. Darnach hat der alte Laotse eine Petition aufgesetzt, die von sämmtlichen Anwesenden unterzeichnet worden ist. Es waren, glaube ich, anderthalb Millionen Namen. In der Petition wird beantragt, das Oberhaupt des Limbus Patrum alle fünf Jahre neu zu wählen, denn der alte Abraham sei schon fast kindisch und entwickle allerhand unliebsame Eigenschaften, wie Eigensinn, Bevorzugung, Ungerechtigkeit. —"

„Heiliger Noah!" rief der Alte. „Das muß ich mir sagen lassen! Das ist zu viel!"

„Ach Herrjesses!" sagte Schambes, „Sie sind wohl gar der Herr Abraham selber! Da bitte ich recht schön um Entschuldigung. Aber ich habe halt meine Instruktionen und muß darnach handeln. Ivo hat mich selbst instruirt."

„Dieser Ivo!" knurrte Abraham grimmig. „Wo es eine Stänkerei giebt, steckt der Kerl dahinter! Aber das kommt davon, wenn man einen so gutmüthigen Tropf wie den Petrus zum Himmelspförtner macht. Der läßt jeden hinein, der ihm Brei um's Maul schmiert. Mir wäre er nicht durch die Thüre gekommen, so ein miserabeler Ferkelstecher!"

„Nun, werden Sie nur nicht gleich so aufgeregt," begütigte Schambes. „Schließlich kann doch der arme Ivo nichts dafür. Der muß eben als himmlischer Rechtsbeistand seine Pflicht thun, wie wir andern alle. Und da ihm nun einmal die Petition überantwortet ist, so muß er die Angelegenheit untersuchen lassen. Also öffnen Sie, bitte, die Thür, und lassen Sie mich hinein, damit ich sehen kann, was Wahres an der Sache ist."

Der Alte stand auf und schritt voran zum Portal.

„Ich will selber mitgehen," sagte er, „und sehen, was das für eine Geschichte ist. So eine Revoluzzerbande! Hält da Versammlungen hinter meinem Rücken, um mich beim gnädigen Herrn anzuschwärzen! Es ist zu toll!"

Schambes, der hinter dem Erzvater herschritt, war es gar nicht gut zu Muthe, denn es schwante ihm, daß seine Flunkereien gar bald an den Tag kommen müßten, wenn der Alte seinen offenbaren Vorsatz ausführte und die Bewohner des Limbus in eigener Person

ausforschte. Indessen ließ er sich nichts merken, sondern
sagte nur, um sich schon im Voraus zu decken, es sei
sehr wahrscheinlich, daß die Patres jetzt ihre Intriguen
in Abrede stellen und alles leugnen würden.

„Was!" rief da aber Abraham, „Du glaubst
doch nicht wirklich, daß hier bei uns gelogen wird!
Weißt Du denn nicht, daß hier nur die tugendhaftesten
Nichtchristen wohnen, denen man, abgesehen von ihrem
Unglauben, nicht das Geringste nachsagen kann? Hier
wird nicht gelogen!"

Indessen traten die beiden im einen weiten hellen
Raum, worin auf bequemen Polstern und Divanen
die Seelen der Urväter herumlagen und ausruhten,
während sie zugleich kluge Reden über allerlei Gegen-
stände führten.

Am meisten schien sie die Dauer der Zeit zu
interessiren, und als Abraham eintrat, wurde er von
allen Seiten mit Fragen bestürmt, wie lange sie noch
hier auf den jüngsten Tag und die ewige Seeligkeit
warten müßten. Abraham antwortete mürrisch:

„Da müßt ihr meinen Begleiter fragen, der kommt
eben aus dem Paradies."

Alsbald näherte sich ein gelblicher Geist mit
schwarzem Haar und langem Zopfe unserem Schambes
und redete ihn mit viel Unterwürfigkeit also an:

„Mein Herr, erlauben Sie, daß ich mich Ihnen vorstelle, mein Name ist Lautse, Philosoph aus China. Ich bin nun schon bald 2500 Jahre hier und warte darauf, daß mir endlich die Thore des Paradieses geöffnet werden. Können Sie mir vielleicht sagen, wie lange es noch dauern wird bis zum jüngsten Tag?"

Schambes antwortete ohne Zögern: „Herr Lautse, es freut mich sehr, Ihre Bekanntschaft zu machen, mein Name ist Klappergässer, Schambes Klappergässer aus Kreuznach. Zu meinem Bedauern bin ich nicht im Stande, Ihre Frage zu beantworten. Wie Sie wissen werden, hält der gnädige Herr derartige Dinge sehr geheim, und nicht einmal Petrus, der doch sonst seine rechte Hand ist, weiß in dieser Angelegenheit Bescheid. Ich habe gestern noch beim Frühschoppen mit ihm darüber gesprochen."

„Frühschoppen!" rief da eine rauhe Stimme, und eine große Gestalt mit blondem Bart und Lockenhaar drängte sich aus dem Kreise, der sich um Schambes gebildet hatte. „Frühschoppen gibt es bei Euch! Ach, wenn dies Luderleben doch endlich ein Ende nähme! Dieses langweilige Warten und immer noch Warten steht mir zum Hals heraus! Frühschoppen trinken die da oben, und wir müssen hier herumliegen und uns von der Hoffnung nähren. Es ist zu toll!"

66

Während Einige beifällig murmelten, Andere mißbilligend die Köpfe schüttelten und zur Geduld mahnten, fragte Schambes, wer der Blonde sei, der so laut geredet hatte, und erfuhr, daß es ein alter germanischer Weiser Namens Gerbald war, der wohl 500 Jahre vor der Ankunft der Römer am Rheine gelebt und sich durch Weisheit und Tugend ausgezeichnet hatte.

Inzwischen hatte sich Abraham an Lautse gewandt und ihn gefragt, was das für eine Petition sei, die er verfaßt habe.

„Es sind Beschwerden von Euch im Paradiese eingelaufen," sagte er, „wonach ich gewisse Leute zu sehr bevorzugt hätte." — Hier stieß Gerbald ein fürchterliches Geheul aus, das durch die weiten Hallen klang und im Nu alle Bewohner dieser heiligen Räume zur Stelle brachte.

„Jawohl," rief Gerbald, und seine Stimme dröhnte wie die Posaunen von Jericho, „jawohl, das ist wahr! Ich habe diese Wirthschaft schon längst satt. Ist nicht Habakuk, der jämmerliche Habakuk, der nur ein kleiner Prophet war, zum Aufseher im Lokale Nr. 5 ernannt worden, während der große und weise Salomo immer noch in Nr. 27 steht? Und steht nicht Diogenes, der schmutzige Geselle, an der Spitze des Lesesaales,

blos weil er auch so einen langen Bart hat wie Abra=
ham? Diogenes, der niemals ein Buch gelesen, und
stets faul in seiner Tonne gelegen, der soll hier Biblio=
thekar spielen? Lächerlich! Und da sind doch ganz
andere Leute hier, die sich zu jedem Amte trefflich eignen
würden! Von mir will ich gar nicht reden, aber wer
vermöchte zu leugnen, daß ich einen weit besseren Auf=
seher im Speisesaale abgeben würde, als der vertrocknete
alte Knasterbart Maleachi, dessen Namen allein schon
einem Jeden den Appetit verdirbt! Ich habe es von
jeher gesagt, und sage es heute noch: Es ist etwas faul
im Staate Dänemark!"

Gegen diese Worte wandte sich in grimmig zu=
gespitzten Sätzen der angegriffene Maleachi, der sich
nicht auf die Defensive beschränkte, sondern alsbald zur
Offensive überging und nur wenig verblümt andeutete,
daß unter Aufsicht des biederen Gerbald im Speise=
saale die übrigen Väter wohl wenig zu essen und gar
nichts zu trinken bekommen möchten, weßhalb seine Er=
nennung zum Obersten des Speisesaales ein großer
Fehler gewesen wäre. Auch Habakuk zeterte dazwischen
und sagte seinem Angreifer üble Worte in's Gesicht,
während Diogenes sich damit begnügte, die Achseln zu
zucken und sich auf seinem bequemen Kanapeepolster, das
er während des ganzen lärmenden Auftritts nicht

verlassen hatte, noch behaglicher auszustrecken als zu=
vor.

In der weiten Halle aber entstand ein großer
Tumult, und sämmtliche Bewohner des Schooßes Abra=
ham's sonderten sich in zwei Parteien, von einigen
Wenigen abgesehen, die sich um Plato, Salomo und
Gautama schaarten. Diese versuchten die Mittler zu
spielen, aber im Geschrei der Parteien verhallten ihre
zur Eintracht und Ruhe mahnenden Stimmen wirkungs=
los, und ihre Bemühungen blieben ohne Erfolg. Auf
der einen Seite schrie und wetterte Gerbald, und mit
ihm tobte und schimpfte die ganze große Zahl der
Unzufriedenen, während drüben auf der anderen Seite
nur wenige warme Anhänger mit Habakuk und
Maleachi lärmten.

Es war keine Kleinigkeit, sich in diesem Tumulte
Gehör zu verschaffen, aber obgleich Gerbald seine Lunge
aufblies, bis seine obere Hälfte aussah wie ein spanischer
Weinschlauch oder ein ungarischer Dudelsack, und obgleich
Lautse so heftig gesticulirte und den Kopf so nachdrück=
lich schüttelte, daß der mit gewaltigem Schwunge
herumsausende Zopf dem hinter ihm stehenden Thales
sicherlich ein Auge ausgeschlagen hätte, wenn es nicht
eine körperlose Geisterversammlung gewesen wäre, —
trotz alledem gelang es endlich den Bemühungen Abra=

ham's, den die Mittelpartei nach Kräften unterstützte,
die Ruhe soweit wiederherzustellen, daß man ihn an=
hörte, und nun erklärte er, Schambes sei als Bote des
Herrn Zebaoth gesandt worden, um zu untersuchen,
in wieweit die in der Petition enthaltenen Beschwerden
begründet seien. Maßloses Schütteln des Kopfes folgte
den Worten des Erzvaters, und einer schaute den
andern mißtrauisch von der Seite an, als wolle er er=
forschen, wer denn eigentlich die Petition unterzeichnet
habe. Als aber Abraham sagte, Lautse habe die
Petition aufgesetzt, da sprang dieser alte Zopfträger
auf einen Divan und fuchtelte wüthend mit den Armen
in der Luft herum und rief mit quiekender Stimme:

„Niemals, erhabener Vater, habe ich von einem
solchen Schriftstück gehört, noch es gesehen, noch viel
weniger es selbst verfaßt. Wahr ist es, daß wir man=
cherlei Grund zu Beschwerden haben, und daß eine der=
artige Petition wohl nicht ganz unrecht wäre, aber
ebenso wahr ist auch, daß wir niemals eine Versamm=
lung abgehalten und die erwähnten Beschlüsse gefaßt
haben. Hier steht Confucius, mein redlicher Lands=
mann, und dort sitzt Thales, der weise Hellene! Sie
mögen die Wahrheit meiner Worte bezeugen."

Auf einen Wink Abrahams traten die Genannten
herzu, und ihre Worte waren derart, daß an Lautse's

Wahrheitsliebe nicht mehr zu zweifeln war. Während sie noch redeten, fühlte Schambes, wie sein Herz tiefer und tiefer sank, bis es an jener Stelle angekommen war, wo er im irdischen Leben die Schuhe zu tragen pflegte. Denn das Bewußtsein dämmerte ihm auf, daß er jetzt in einer bösen Klemme steckte, woraus der Rückzug überaus schwierig sein dürfte. Er fühlte, wie sich seine Haare sträubten und wie der kalte Angst= schweiß aus allen Poren brach, d. h. er glaubte es zu fühlen, denn da er als Geist weder Haare noch Poren hatte, konnten diese Gefühle nicht wohl wirklich sein. Aber es ging ihm, wie jenem Soldaten, der beide Beine verloren hatte und dennoch Schmerzen in den Hühner= augen zu verspüren glaubte.

Während er so in seiner großen Noth dastand, ergriff ihn Jemand bei der Hand, und eine Stimme flüsterte ihm in's Ohr.

„Komm mit, sonst geht Dir's schlecht!"

Willenlos folgte Schambes seinem Führer, in dem er Gerbald erkannte. Der zog ihn durch die Menge der versammelten Geister, die alle zu erregt waren, um auf die beiden zu achten, und brachte ihn bis zum Ausgang, wo er ihm sagte: „Nun hör' mal, Du Hallunke, wer bist Du eigentlich, und wie kommst Du hierher?"

Schambes erzählte seine Geschichte, und Gerbald lachte unbändig, als er hörte, wie der Kreuznacher den Teufel bezwungen hatte. „Du bist ein tüchtiger Kerl", sagte er, als Schambes geendet hatte, „und es thut mir wahrhaftig leid, daß Du nicht hierbleiben kannst. Hier ist es nämlich, im Vertrauen gesagt, ganz infam langweilig, und ein vernünstiger Kerl kann es kaum aushalten. Früher kamen jeden Augenblick neue Leute herein, aber in den letzten 1000 Jahren haben wir keine 100 Seelen aufnehmen können. Und das sind alles Neger und Indianer gewesen. Seit 25 Jahren habe ich keinen Neuen gesehen, und das sage ich Dir, wenn man sich den ganzen Tag mit den alten Knaster= bärten über ihre vertrocknete Philosophie unterhalten muß, so möchte man vor Langeweile bersten. Deßhalb wäre es sehr schön, wenn Du hierbleiben könntest, das brächte wieder neues Leben in die Bude. Aber nach= dem Du den alten Abraham so scheußlich angelogen hast, wird es wohl kaum angehen."

Wie Gerbald so sprach, hörte man ein gewaltiges Brausen, das blitzschnell näher kam; in der nächsten Secunde war Schambes von wohl hunderttausend entrüsteten und erzürnten Geistern umringt, un= zählige Hände faßten ihn, er hörte ein vieltausend= stimmiges Wuthgeschrei, fühlte wie er angegriffen wurde, und flog, getrieben von einem vielpferdekräftigen allgemeinen Fußtritt, im weiten Bogen zum Thore hinaus.

9. Kapitel.

Enthaltend einen wahrhaftigen und an= muthigen Bericht über die Schicksale des Herrn Schambes Klappergässer im Limbus Infantum.

„Hol mich der Teufel! würde ich sagen, wenn er mich nicht schon geholt hätte!" knurrte Schambes und rieb sein os coccygis, welches die Gewalt des collectiven Fußtrittes am meisten gespürt hatte.

„Sonderbar", dachte er, „daß ein Wesen ohne Fleisch, Knochen, Haut und Haar alle Schmerzen ge= nau so fühlt, wie ein durchaus körperlicher Erdenwurm. Es muß wohl daher kommen, daß unsere Sinne viel feiner werden, sobald wir die grobe Erdenhülle ab= gestreift haben und zu Geistern geworden sind. Der lange Kerl mit der krummen Nase hat mir da den Hals ganz scheußlich zugerichtet mit seinen Krallen= fingern. Wenn ich den Hallunken nur einmal allein erwischte, dann wollte ich ihm etwas zeigen! So eine

infame Raffelbande, fällt da zu hunderttaufend über
Einen her, ehe man fichs verfieht. Und das wollen
Heilige Väter fein! Wie muß es da erft in der Hölle
zugehen! Brrr!"

So faß Schambes und dachte traurig nach, was
er jetzt beginnen folle. Aus zwei Räumen des Jen=
feits war er verjagt worden; aus dem Paradiefe durch
Lift, aus Abraham's Schooß durch Gewalt. Das war
wenig ermuthigend für ihn, und gefenkten Hauptes faß
er und fann. Nur der Gedanke an feinen fiegreichen
Kampf mit dem Fürften der Hölle vermochte ihm noch
einigen Troft zu fpenden, und er erwog die Rathfamkeit
feines fofortigen Aufbruchs zu dem Teufel, um von
diefem Einlaß in fein Reich zu begehren. Denn fo
allein in dem formlofen All umherzuirren, war nicht
nach dem Sinne des Kreuznachers, der Fröhlichkeit und
Gefelligkeit über alles liebte. Schwerfällig erhob er
fich, um feinen Vorfatz auszuführen, aber matt fank
er wieder zu Boden und fand, daß er fich beim Sturze
aus dem Limbus Patrum den linken Fuß verftaucht
hatte. Darob ergriff ihn ohnmächtiger Zorn, und die
geballten Fäufte gegen das hohe Portal ausftreckend,
entfandte er dem zwiefachen Gehege feiner Zähne alle
Flüche, die er in feiner Heimath an der Stadtmauer
und nach Mitternacht in den Wirthshäufern gehört hatte.

Aber nichts regte sich, und keine Seele schien sich um den Gelähmten zu kümmern, dessen nutzloser Zorn sich in ohnmächtigem Grimme verzehrte.

So lag er, bis ein Engel vorüberflog, der eben die Seele eines todtgeborenen Kindes in den Limbus Infantum bringen wollte, und der unterwegs den Verletzten erblickte. Neugierig flog er herzu und fragte Schambes, was ihm geschehen sei.

Der Kreuznacher war ein bösartiger Lügner, wie ich mit Kummer gestehen muß. Die Wahrheit hielt er für zu kostbar zum täglichen Gebrauche und ging deshalb so sparsam wie möglich damit um. Das Lügen aber kam ihm so natürlich, wie der Nachtigall das Singen, dem Fuchs das Stehlen und dem Rheinländer das Weintrinken. So wie aber in der Schlacht die Offensive leichter zu behaupten ist, als die Defensive, so läßt sich auch im Wortgefecht dem Feinde nicht besser begegnen, als indem man der Frage die Gegenfrage entgegenstellt. Herr Klappergässer kannte diese weise Regel und handelte danach, indem er den Engel nach Stand, Beruf und Nation ausforschte.

Der arglose Bursche, der sich nicht denken konnte, daß in diesen geweihten Räumen andere als heilige und reine Seelen sich aufhalten könnten, machte kein Hehl aus dem Geschäfte, das ihn nach dem Limbus

Infantum führte, und Schambes, der hier eine Ge=
legenheit fah, feine Kenntniffe von dem Jenfeits zu
erweitern, log feinem Gegenüber vor, auch er fei auf
dem Wege nach dem Vorhofe der Säuglinge, und wenn
er nicht foeben über einen vom böfen Feinde gelegten
Fallftrick geftolpert und fich den Fuß verftaucht hätte,
fo wäre er fchon längft dort.

Der gute Engel beugte fich hernieder, um den
Schaden an Klappergäffers Fuß zu befehen. Dabei
bemerkte Schambes, daß die Flügel des himmlifchen
Boten nicht angewachfen waren, wie man fälfchlich all=
gemein auf Erden glaubt, fondern daß fie von zwei
ftarken Riemen mit künftlich gearbeiteten Schnallen feft=
gehalten wurden. Indeffen hatte der Engel mit leichter
Hand den wunden Fuß berührt, und alfobald ließ der
Schmerz nach, und der ganze Uebermuth des Kreuz=
nachers kehrte zurück. Der tolle Gedanke fchoß ihm
durchs Hirn, daß er fich nur der Flügel des Engels
zu bemächtigen brauche, um über die Himmelsmauer
fliegen und in das Paradies, aus dem ihn der fchlaue
Theodotus verjagt hatte, zurückkehren zu können. Und
kaum war der Gedanke entftanden, als er auch fchon
an die Aufführung desfelben ging.

Mit einer Plötzlichkeit, die auch wohl einen Wehr=
hafteren, als einen armen Kleinkinderengel befiegt hätte,

warf er sich auf den barmherzigen Samariter, der mit
dem Gesichte zu Boden stürzte, während die seiner Ob=
hut anvertraute Kinderseele aus seinen Armen fiel und
ein paar Schritte zur Seite kollerte. Und nun begab
sich der schwere Kreuznacher auf das arme, hingestreckte
Engelchen und drückte es mit dem Gewichte seines
Körperschattens, das zwar auf einen wirklichen Körper
nicht zu spüren gewesen wäre, hier aber auf den wesen=
losen Engel einen gewaltigen Druck ausübte, fest auf
den Boden, während die nervige Rechte die Kehle des
Armen zudrückte und die behende Linke eilends die
Schnallen öffnete und die Flügel löste.

Mit bangen, entsetzten Augen sah der für seine
Gutherzigkeit so schlimm belohnte Engel dem Treiben
seines Ueberwinders zu, ohne an Widerstand zu denken.
Denn da im Himmel niemals Zank und Streit ist, so
verstehen seine Bewohner nur wenig von Hieb und
Stich, Schlag und Stoß, Ruck und Tritt, abgesehen
von den eigens zur Vertheidigung des Paradieses mit
flammenden Schwertern bewaffneten Kriegsengeln.
Während Schambes sich die Flügel sorgsam anheftete,
blieb er fest auf dem zu Boden Gedrückten sitzen, um
ihm nicht Gelegenheit zum Aufstehen und zu einer Er=
neuerung des Kampfes zu geben.

Nachdem er damit zu Stande gekommen war, sagte
er zu dem Beraubten:

„So, mein Jüngelchen, jetzt geht es geradewegs zurück zum Paradies, aus dem sie mich so schnöde vertrieben haben. Und wenn sie jetzt auch alle Caroussels, Circusse, Riesendamen und Schießbuden, die je den Kreuznacher Markt besucht haben, und den großen Aegir selbst vor dem Thore aufstellen, mich kriegen sie nicht mehr hinaus. Adieu!"

Damit machte er Anstalt, sich aufzuschwingen, aber ein flehentlicher Ruf des gestürzten Engels hielt ihn zurück. Der bat ihn unter Thränen, die arme Kindesseele nicht hier liegen zu lassen, sondern sich ihrer zu erbarmen und sie in den Limbus Infantum zu bringen. Und Schambes, der ein guter Kerl war, dachte, das sei eine treffliche Gelegenheit, sich den Kinderhimmel anzusehen, packte das Seelchen auf und flog nach dem Limbus Infantum, indem er den Wegweisern folgte, die in mäßigen Zwischenräumen angebracht waren und außer der üblichen Hand und Angabe des Ortes, wohin der Weg führte, die Aufforderung enthielten: „Bitte, rechts zu fliegen!"

So gelangte er bald an das Thor des Kinderhimmels, obgleich ihm das Fliegen Anfangs etwas beschwerlich von der Hand ging und es eine kleine Weile dauerte, bis er sich in den regelmäßigen, kräftigen Flügelschlag hineingearbeitet hatte. Der Limbus In-

tantum war von einer unabsehbar hohen Mauer um-
geben, wahrscheinlich, wie es Schambes däuchte, damit
die heranwachsenden Kinderseelen nicht über die Mauer
kletterten und davonliefen, um den übrigen Himmels-
raum unsicher zu machen. Am Thore saß eine alte
Frau mit scharfen Zügen, die einen ungeheuren Schlüssel-
bund am Gürtel hängen hatte und über eine lange
Nase hinweg durch eine Brille mit runden Gläsern den
Ankömmling musterte.

„Nummer 117 für heute", murmelte sie dann,
indem sie die Blätter eines riesigen Buches umschlug
und die Feder in ein großes Tintenfaß tauchte, um
den Neukömmling einzutragen. „Der Monat Juli
macht uns immer eine Menge Arbeit", fuhr sie ver-
drießlich fort, „da sterben die kleinen Dinger weg wie
die Fliegen. Wo ist der Knirps her?"

Schambes hatte der Alten, die Keine andere als
Hanna war, — die Tochter Phanuels, vom Geschlecht
Aser, die seiner Zeit das Jesuskindlein im Tempel ge-
segnet hatte, — über die Schulter in das Buch ge-
schaut und entdeckt, daß dasselbe ein vollständiges Ver-
zeichniß der in den Limbus aufgenommenen Kinderseelen nebst Angabe von Herkunft u. s. w. war. Obgleich ihm der Engel, dessen Bürde er übernommen,
nichts von dem Stammbaum des Kleinen gesagt hatte,

besann er sich doch keinen Augenblick zu antworten: „Von Mainz ist er. Dort lag er vor der Kirchenthür; wer ihn hingelegt hat, weiß ich nicht.“

Erstaunt hörte Hanna zu, denn bisher war es in ihrer Praxis noch nicht vorgekommen, daß ein Kinder= tobtenengel die Eltern der von ihm gebrachten Seele nicht anzugeben vermochte. Diesen Engeln ist nämlich die Gabe verliehen, die Mutter= und Vaterschaft einer Kindesseele sofort, ohne langes Fragen und Spioniren, der betreffenden Seele abzulesen.

Schambes Klappergässer wußte nicht, daß die Kindertobtenengel diese Gabe besitzen, sonst hätte er jedenfalls die nöthigen Namen frisch von der Leber weg gelogen, doch dazu war es jetzt zu spät.

Mit durchbohrenden Blicken starrte Hanna den Kreuznacher durch ihre großen runden Brillengläser, die ihrem Gesichte den Character eines Eulenkopfes ver= liehen, an, und der arme Kreuznacher, der dem Teufel selbst unerschrocken die Spitze geboten hatte, fühlte, daß seine Kraft diesem alten Weibe nicht gewachsen war. Gerne hätte er sich aufgeschwungen, um diesen Ort für immer zu verlassen, aber die Kniee schlotterten ihm so heftig, daß er den nöthigen Sprung in die Luft nicht zu thun vermochte. Inzwischen hatte Hanna mit schriller Stimme etwas gerufen, und alsobald erschien

ein Dutzend abschreckend häßlicher, mit Besen bewaff=
neter, alter Weiber, die ohne Weiteres über den Pseudo=
engel herfielen, ihm die gestohlenen Flügel herunter=
rissen und ihm eine weidliche Tracht Besenhiebe verab=
reichten. Sodann stießen sie ihn die hohe Treppe
hinunter, wobei ihm die scharfen Kanten der Stufen
jämmerlich mitspielten, und ließen ihn unten mürbe
und zerschlagen liegen.

---

10. Kapitel.

Worin Schambes ein sinn= und lehrreiches Selbstgespräch führt, nebst anderen unter= haltsamen Begebnissen.

„Ich wollte, ich wäre lebendig!" sagte Schambes
Klappergässer, „wenn das die ganze Freude und die
ganze Ruhe ist, die man vom Tode hat, so möchte ich
mich wahrhaftig wieder ausgraben lassen und auf Erden
herumkrabbeln bis in alle Ewigkeit. Wenn ich bloß
dafür gestorben sein soll, um geprügelt und hinaus=
geschmissen zu werden, gerade wie es mir schon im
Leben geschah, wenn ich zu laut sang im Wirthshaus,
dann hol' der Teufel den Tod! Und noch dazu von

alten Weibern mit Besen verhauen zu werden! Das
ist ja noch schlimmer als auf Erden, wo doch der recht=
schaffene Bürger stets nur eine, nämlich seine, Frau
und allerhöchstens zwei, wenn er nämlich eine Schwieger=
mutter besitzt, zu fürchten hat. Aber hier kommen sie
gleich in hellen Haufen und fallen über einen armen,
schwachen Kerl mit verstauchtem Fuß her. Hol' sie
der Henker! Meine Flügel haben sie mir auch weg=
genommen, und mit dem verwünschten Hickelbein wird
es schwer halten, vorwärts zu kommen. Hätt' ich nur
meinem guten Herzen nicht nachgegeben und den kleinen
Balg ruhig liegen lassen, so wär' ich jetzt glücklich im
Paradiese und lachte den alten Petrus aus. —Jetzt
aber muß ich sehen, irgendwo Unterschlupf zu bekommen,
denn diese langweilige Einsamkeit steht mir zum Halse
heraus. Wenn ich sonst nirgends hineinkommen kann,
muß ich halt zur Hölle abmarschiren.

Zwar soll man da einigermaßen schuftig behandelt
werden, wie mir der Teufel selber gesagt hat. Aber
er hat mir ja auch gesagt, daß die Kreuznacher sich
den Teufel um ihn scheeren und sogar ihr eigenes Ge=
biet bewohnen. Dort treff' ich gewiß eine Menge Be=
kannte, und so schlimm kann es da nicht sein. —
Möchte wissen, ob der rothe Herres vom Wasserzäppchen
da ist. Wie oft habe ich mit dem 66 gespielt und

firnen Wein gepichelt! Und der Taubenpeter vom
Badewörth und der krumme Franz von der Beinde!
Die sind alle schon lange vor mir draufgegangen und
sitzen jedenfalls zusammen im Fegfeuer. Und wo die
Kerle sind, geht's lustig zu, darauf wollte ich mein
letztes Hemd verwetten, wenn ich überhaupt eins hätte,
an diesem miserablen Ort. Ich wollte, ich wäre dort!"

Und Schambes erhob sich und versuchte weiter zu
humpeln. Es ging langsam und schlecht, aber die
Sehnsucht, welche seine Gedanken nach den Kreuznacher
Kameraden in ihm geweckt hatte, hielt ihn auf den
Beinen, und mühsam schleppte er sich weiter, bis er
an einen Wegweiser gelangte, der die Richtung nach
dem Fegfeuer angab. Nach einem beschwerlichen Marsche
kam der Kreuznacher endlich an der Pforte an, der er
einige Stunden vorher entstiegen war, um dem Limbus
Patrum und dem Limbus Infantum, die beide in
demselben Stockwerk liegen, seinen Besuch abzustatten.
Nachdem er sich etwas verschnauft hatte, drückte er auf
den Knopf, in der Ferne ertönte die elektrische Klingel,
und der Fahrstuhl kam heraufgesaust.

Aber kaum hatte der Lenker der Maschine, der
unglücklicher Weise gerade der Teufel selber war, den
Kreuznacher erblickt und erkannt, als er auch schon
den Fahrstuhl anhielt und wieder zurück in die Tiefe

schoß. Vergebens rief ihm Schambes bittend, flehend und drohend nach, um ihn zur Umkehr zu bewegen. Seine Stimme verhallte unbeachtet. In dieser Noth blieb er an der Pforte sitzen, fluchte leise und laut und überlegte, was er jetzt beginnen solle. Ueber das Thor zu klettern ging nicht an, denn der eiserne Schacht, worin der Fahrstuhl auf und abfuhr, erstreckte sich meilenhoch, so daß an ein Ersteigen nicht zu denken war. Ein über das andere Mal verfluchte Schambes seine Gutmüthigkeit, die zu dem Verluste der so schön erworbenen Flügel geführt hatte, denn nunmehr war er in der Etage eingeschlossen, wo sich nur die Warte=säle für die Väter und die Säuglinge befanden, und aus beiden war er schimpflich hinausgeworfen worden, so daß an Rückkehr nicht zu denken war. Der Aufstieg zum Paradiese aber war ihm wie der Abstieg zur Hölle verwehrt. Vergebens rüttelte er an dem eisernen Thore, welches in den Schacht führte, in der Absicht, an den Drahtseilen, welche den Fahrstuhl hielten, hinab=zuklettern. Ja, er dachte sogar an Hinunterspringen, denn er sagte sich, daß er ja einmal todt sei, und daß ihm deßhalb ein solcher Sprung aus einer Höhe von vielen tausend Metern, der jedem Lebewesen den Tod gebracht hätte, nichts schaden könne. Aber das Thor wich und wankte nicht, trotz Stoßens und Reißens,

und matt und athemlos sank er zurück, Groll und
Zorn im Herzen und vergebens bemüht, sich ruhig in
sein Schicksal zu finden.

Aber während er so voller Verzweiflung dalag,
war die Hülfe bereits unterwegs. Kurz nach Klappergässers Tode nämlich war einer seiner Kreuznacher
Genossen, der krummbeinige Michel vom Mannheimer-
thor, der in der Trauer um den geschiedenen Kameraden des tröstenden Weines gar viel vertilgt hatte,
auf dem nächtlichen Heimweg auf der Nahebrücke fehl
und über die Mauer und durch einen Genickbruch
ohne Weiteres mit dem Tode abgegangen. Und während
Schambes noch die verschiedenen Stationen des Jenseits
besuchte, war Michel bereits bei den Kreuznachern im
Fegfeuer angelangt, wo er von den versammelten
Landsleuten mit Jubel begrüßt wurde. Vergebens
aber suchte sein Auge nach dem Freunde, der die Reise
nur wenige Stunden vor ihm angetreten hatte, und
vergebens fragte er die Bewohner des Fegfeuers nach
ihm. Keiner hatte ihn gesehen, keiner von ihm gehört.

„Vielleicht ist er in der Hölle!" sagte einer, und
es wurde beschlossen, eine Deputation an den Teufel zu
schicken und ihn zu fragen, ob er etwas von Schambes
Klappergässer gesehen habe. Daß Schambes vielleicht
direkt in den Himmel gekommen sein könne, fiel keinem

Einzigen ein, denn das war seit Christi Tode, wo das Paradies in seiner jetzigen Gestalt eingerichtet wurde, noch nie einem Kreuznacher passirt. An eine solche Möglichkeit dachte man also überhaupt nicht, sondern sandte sechs Kreuznacher Seelen zum Teufel, um ihn zu fragen, ob er einen Kreuznacher in die Hölle spedirt oder überhaupt etwas von ihm gehört habe. Der Teufel empfing die Deputation in mürrischer Laune, denn noch schmerzte ihn der Kopf von den Püffen, die ihm Schambes zugemessen hatte. Auf die Fragen der Kreuznacher antwortete er mit echt teuflischer Verlogenheit, er habe keinen Kreuznacher gesehen, außer dem Kerl mit den krummen Beinen, der vor einer halben Stunde angekommen sei. Die Abgesandten aber, welche sein trügerisches Wesen wohl kannten, setzten ihm mit allerlei Kreuzfragen zu und hätten ihm wohl die Wahrheit entlockt, wenn nicht gerade die Klingel des Fahrstuhles ertönt wäre. Um den Fragestellern zu entgehen, sprang der Teufel selber in den Fahrstuhl, der sonst von der Seele eines Fahrstuhljungen bedient wird, und fuhr in die Höhe, wo er in der Etage des Limbus Infantum Schambes erblickte und eiligst umkehrte.

Diese eilige Rückkehr aber und der Umstand, daß er keinen Passagier brachte, erregte den Verdacht der

Kreuznacher, welche nun durch allerlei Zureden und Drohungen dem Teufel die Erlaubniß abzwangen, selbst hinaufzufahren und nach ihrem Landsmann zu suchen. So kam es, daß, während Schambes muthlos neben dem Fahrschacht kauerte, plötzlich sein Ohr das Heraufsausen des Fahrstuhles vernahm. Erwartungs= voll richtete er sich auf, denn er glaubte, der Teufel habe sich vielleicht anders besonnen und komme nun doch noch, um ihn zu holen. Mit welch' freudigem Erstaunen aber erkannte er, als der Fahrstuhl hielt und die Thür sich öffnete, die lange verstorbenen, lieben Landsleute, die nunmehr aus dem Fahrstuhle stiegen, den Müden umarmten und begrüßten und ihn darauf mit sich in den Fahrstuhl zogen, um wieder zurück zu fahren zu ihrem Wohnort im Fegfeuer.

Unten saß der Höllenfürst und schaute finsteren Blickes den Zurückkehrenden zu, wie sie aus dem Fahr= stuhl stiegen und, ohne sich um ihn zu kümmern, an ihm vorüberschritten. Diese geringe Ehrerbietung ver= blüffte Schambes einigermaßen, und er wandte sich deßhalb um Auskunft an seine Begleiter. Die aber verlangten zunächst zu hören, wo er selbst sich diese ganze Zeit über herumgetrieben habe, da er doch bereits vor zwei Tagen gestorben sei. So erzählte denn Schambes seine Erlebnisse, während sie weiterschritten,

an vielen Marterstellen vorüber, von wo klägliches
Stöhnen und Jammern der gequälten Seelen ertönte.
Endlich gelangten sie an eine enge Pforte, nicht größer
als eine gewöhnliche irdische Hausthür, die in einer
hohen Mauer angebracht war. Sie gingen durch und
sofort machte die schwüle Hitze des Raumes, den sie
soeben durchschritten hatten, einer angenehmen, kühlen
Temperatur Platz.

Mit einem Rufe des Erstaunens und Entzückens
blieb Schambes stehen und schaute sich um. Vor ihm
dehnte sich ein herrliches Panorama aus, voran ein
weites grünes Thal, bestanden mit allerlei lustigen
Obstbäumen, duftendem Flieder, schattigen Linden und
Kastanien, worunter weiße Zelte aufgeschlagen waren.
Mitten durch die Landschaft zog sich das silberne Band
eines lebendig murmelnden Flusses, während sich im
Hintergrunde hohe Berge erhoben. Steilzackig wuchs
aus dem Flusse heraus ein mächtiger, in der Mitte
gespaltener Fels, beide Häupter mit altersgrauen
Ruinen geschmückt. Zu beiden Seiten ging es gemäch-
licher bergan. Hier waren die Abhänge mit Reben bestanden, während von den Gipfeln dunkle Tannen und Eichen
mit hellerem Grün grüßend herabwinkten. Der hohe
Berg zur Rechten trug nur wenige Reben; an ihm
zog sich eine lange Halde von losem Steingeröll herab.

Und wie Schambes so schaute, da schwellte ihm die
Liebe zur Heimath das Herz, denn er kannte sie alle,
die trauten Orte, wo er als Kind und Mann geweilt
hatte. Da war der rebenbewachsene Kuhberg zur Linken,
die hohe, steinige Haardt zur Rechten, der steile Rheingrafenstein gerade vor ihm im blauen Hintergrunde.
Und der Fluß, der vor ihm vergnügt plätscherte, war
die Nahe. Nur die Häuser der Stadt fehlten. Statt
dessen wohnten die Kreuznacher in einer weitläufigen
Zeltstadt, welche gar fröhlich anzuschauen war. Ueberall
sah man die weißen Zelte aus ihrer grünen Umgebung
hervorlugen. Klappergässers Erstaunen und Freude
kannten kein Ende, und als jetzt aus allen Zelten die
Bewohner herbeieilten, den neuen Ankömmling zu begrüßen, da sah er mit Freudenthränen alte Freunde
und Freundinnen, mit denen er einst gescherzt und gelacht, getrauert und geweint hatte. Sie alle kamen
herbei, lustig und fidel, und schüttelten ihm die Hände.

Als er aber um Auskunft bat über das Wunder-
bare, was er sah und hörte, wurde ihm bedeutet, daß
zunächst ein großer Schmaus hergerichtet werde, seine
Ankunft würdig zu feiern. In einem großen Zelte,
mit unzähligen Tischen und Bänken bestellt, fand man
sich zusammen, und es erhob sich ein fröhliches Zechen und
Schmausen, gewürzt von manchem klangvollen Liede
und witzigen Worte.

Und dann erhob sich der Aelteste der Anwesenden, der starke Schorch von der Ellerbach, der in seinem siebzigsten Lebensjahre von einem tückischen Schlage dahingerafft worden war, als er im heißen Juni den Kuhberg hinaufklimmen wollte, um den Stand der Weinberge zu untersuchen. Jetzt aber war er kraftvoll und geschmeidig wie ein Jüngling, denn im Jenseits hat das Alter keine Gewalt über die Seelen. Schorch winkte Schambes, zu ihm zu kommen, und erzählte ihm dann, was der Leser im nächsten Kapitel finden wird.

---

11. Kapitel.

Worin der geneigte Leser eine Historia finden wird, wie man derengleichen noch nie von der Hölle vernommen.

Schambes setzte sich zu dem gewaltigen Recken von der Ellerbach, demselben, der einst an der Ecke der Mannheimerstraße und der Säugasse, später Carlstraße genannt, einen wüthenden Ochsen, der den Metzgern entronnen war, an den Hörnern gepackt und auf die Kniee niedergezwungen hatte, und dessen Stärke ihres Gleichen nur bei jenem illustren Kreuznacher, Michel

Mort, finden kann, während der nicht minder berühmte, der Familie Ingenbrand angehörige Hannes nur ein schwaches Wickelkind gegen Schorch war. Die Beiden stärkten sich mit einem gewaltigen Zuge aus dem großen Geisterkruge oder Kruggeiste, der vor Schorch stand, und dann begann dieser seinen Bericht:

„Da ich vor nunmehr fast dreißig Jahren ver= gessen hatte, etwas zu trinken mitzunehmen, als ich den steilen Kuhberg hinaufkrabbelte, und in Folge dessen vom Schlage gerührt und vom Teufel geholt wurde, ging es im Fegefeuer ganz höllenmäßig zu. Ganz schreckliche Martern mußten wir ausstehen, glühende Kohlen wurden uns zum Unterschlucken in den Mund gesteckt, bis an den Hals mußten wir in Teichen und Seeen von geschmolzenem Blei stehen, auf Betten von glühendem Eisen schliefen wir, und der Teufel lief mit einer langen eisernen Mistgabel hin und her und kitzelte uns empfindlich in den Rippen. Von Zeit zu Zeit packte er die ganzen Bagage und schmiß uns aus der Höllenhitze hinüber in die kalte Abtheilung, wo uns das eisige Wasser über den Köpfen zusammenschlug und uns die Zähne zusammenklapperten, als ob ein ganzes Regiment Trommler aufspielte. In der kalten Abtheilung mußten wir dann bleiben, bis wir steif und starr gefroren waren wie Holzklötze, und dann

warf uns der Teufel wieder hinüber in das siedende
Pech und das flüssige Blei, wo wir von neuem aus=
gebrannt wurden.

Das scheußlichste an der ganzen Geschichte war,
daß die fürchterlichen Schmerzen, die wir erdulden
mußten, doch niemals unser Gefühl abstumpften, son=
dern wir fühlten immer wieder von neuem die uner=
träglichste Pein, ohne daß uns Bewußtlosigkeit oder
gar der Tod erlöst hätte. Von Zeit zu Zeit hatte der
Teufel auch besondere Einfälle, wenn ihm die alltäg=
liche Quälerei mit Hitze und Kälte zu langweilig und
eintönig wurde. Dann zog er wohl Einem einen
glühenden Eisendraht durch die Nase, oder durch die
Ohren, oder auch durch die Zunge, und hängte dann
den armen Sünder ein paar Stunden an dem Draht
auf. Oder zwei Seelen, durch deren Nasen ein und
derselbe Eisenring gezogen wurde, mußten um die Wette
ziehen, wer die stärkste Nase hätte und den anderen
wegziehen könne. Der Sieger wurde auf einen oder
mehrere Tage aus der Qual befreit oder wurde auch
wohl zum Unterheizer befördert, als welcher er bei dem
Rösten und Braten der Seelen zu helfen hatte. Mit=
unter wurde auch ein Ball gegeben, wobei auf glühen=
den Platten getanzt wurde, während die Damen glühende
Blumensträuße in der Hand und die Herren Chlinder

von glührothem Eisen auf den Köpfen trugen. Wett=
rennen fanden auf mit spitzigen Nägeln beschlagenen
Bahnen statt, deren glühende Spitzen den Laufenden
die Füße zerfleischten und versengten; Wettschwimmen
in kochenden Pechteichen. Lustbarkeiten solcher Art
hatte sich der Teufel unzählige ausgedacht, und stets
wieder ersann er etwas Neues, um uns zu plagen und
zu quälen."

„Aber Mensch!" unterbrach hier Schambes den
Bericht Schorchs, „weshalb habt ihr Euch denn das
alles gefallen lassen? Ein Kerl, der einen tollen Ochsen
hinschmeißen kann, der kann doch wahrhaftig so ein
armes Teufelchen krumm und lahm schlagen!"

Schorch ließ behaglich die mächtigen Muskeln sei=
ner Arme spielen und sagte dann:

„Ja, da hast Du recht, wir haben das nachher
auch selber entdeckt, aber zuerst, weißt Du, da hatten
wir noch die falsche Idee, den Teufel könnte überhaupt
keiner bezwingen, und in Folge dessen traute sich kei=
ner an ihn heran. Wir hatten immer alle in der
Schule gehört, der Teufel sei in der Hölle allmächtig,
und vermöge mit dem kleinen Finger mehr als hundert=
tausend starke Männer mit der ganzen Kraft ihrer
Leiber. Wahrscheinlich wären wir heute noch dieser
Ansicht, wenn ich nicht eines Tages, als ich ihm in

der Schmiede helfen mußte, gesehen hätte, wie er sich vergebens abmühte, den Amboß wegzurücken. Als er nachher hinausging, blieb ich einen Augenblick zurück und probirte, ob ich das Ding nicht bewegen könnte. Gewaltig schwer war der Klumpen freilich, aber als ich mit ganzer Kraft hob, wackelte und schwankte der Amboß, und schließlich gelang es mir, ihn zu lüften. Dann setzte ich ihn sorgsam wieder an seine alte Stelle. Der Buckel that mir allerdings acht Tage lang weh, aber die Sache gab mir zu denken und wurde der An= laß zu unserer Befreiung.

Eine halbe Stunde später traf ich ein paar Kreuz= nacher, denen ich die Geschichte erzählte. Zuerst wollten sie's nicht glauben, aber ich schwor Stein und Bein, daß ich's mit eigenen Augen gesehen hätte, wie der Teufel sich an dem Amboß abtobte, bis ihm die Sehnen knackten, ohne daß er ihn aufheben konnte, und daß ich dann nachher das Ding allein gelüftet hatte. Der dürre Fritz Galgenberger kam sogleich mit dem Vorschlage heraus, den Teufel zu überfallen und zu fesseln und so der ganzen Tortur ein für allemal ein Ende zu machen. Der Kochem Michel aber vom Wasserzäppchen, der nur noch ungefähr sechs Monate zu sitzen hatte —"

„Wieso? Sechs Monate zu sitzen?" unterbrach Schambes.

„Ach ja, das weißt Du noch nicht. Du bist frei=
lich auf ganz absonderliche Weise hierhergelangt, sonst
würdest Du die Geschäftsroutine des Fegefeuers besser
kennen. Jeder neue Ankömmling, der am Himmels=
thore abgewiesen und zum Teufel gesandt wird, muß
im Vorhofe der Hölle eine Untersuchung bestehen, wo=
nach dann seine Schuld und demgemäß seine Strafzeit
bestimmt wird. Die längste Strafe im Fegfeuer dauert
selten länger als das Leben des betreffenden Sünders.
Gewöhnlich aber kommt man mit zehn, fünfzehn
Jahren davon, und man muß es schon arg getrieben
haben, um zu dreißig und mehr Jahren verdonnert
zu werden. Beim Eintritt in das Fegfeuer wird
Name und Stand der armen Seele in ein großes
Buch eingetragen. Für jedes Jahr existirt ein Buch,
was aber bereits ausgefüllt ist, wenn das betreffende
Jahr anfängt. Da wird jeder neue Ankömmling mit
dem Datum eingetragen, an dem er entlassen werden
soll. Kommt z. B. eine Seele am 1. Mai 1894 und
hat zehn Jahre Qualen durchzumachen, so wird sie in
dem für das Jahr 1904 bestimmten Buche mit dem
Datum des 1. Mai eingetragen. An diesem Tage
erhält sie ihre Freiheit und begiebt sich, mit einem
Absolutionszeugniß des Teufels versehen, an die
Himmelspforte, welche ihr ohne weitere Verhandlungen

geöffnet wird. Auf diese Weise geht alles in der schönsten Ordnung. Wir Kreuznacher nehmen aller= dings eine Ausnahmestellung ein. Ich z. B. könnte jetzt schon fünf Jahre im Paradiese sein, ziehe es aber vor, hierzubleiben."

„Da haft Du aber auch Recht," sagte Schambes, „ich war dort. Es ist ein verwünscht langweiliges Nest. Als die Musik spielte und ich zu tanzen anfing, glotzten mich die Mucker an, als ob so etwas unerhört sei. Eine miserable, bleichsüchtige Bande ist es, und un= ser Herrgott muß einen kuriosen Geschmack haben, daß er solche Jammerlappen in seiner Nähe duldet. Aber erzähl' weiter. — Du warst an dem Kochem, dem Michel vom Wasserzäppchen, dem Du grade erzählt hat= test, daß Du den Amboß aufgehoben hättest."

„Ja so," fuhr Schorch fort, „also der Kochem widersprach. Das jämmerliche Subject hatte so wie so nur noch sechs Monate zu brummen, außerdem hatte ihn der Teufel zum Unterbuchhalter gemacht, weil er gut mit der Feder Bescheid wußte, und so hielt er es für das Gescheiteste, nichts zu riskiren, sondern sich in Ge= duld noch ein halbes Jahr rösten zu lassen. Der dürre Fritz aber, der erst dritthalb Jahre im Pechteich stak, und noch siebzehn oder achtzehn Jahre Tortur vor sich hatte, redete gewaltig für einen Angriff auf den schwar=

zen Schuft, der uns so lange gequält hatte. Es kamen
noch ein paar andere Kreuznacher dazu, und schließlich
kamen wir überein, den Streich zu wagen. Wir ver=
abredeten uns, am nächsten Tage, wenn er in der
Schmiede beschäftigt sei, wobei ich ihm gewöhnlich hel=
fen mußte, sollten sich die übrigen in der Nähe halten.
Ich sollte mich, sobald sich eine günstige Gelegenheit
böte, auf ihn werfen. Die anderen würden herbeieilen
— Draht und Ketten lagen bereit — und zusammen
wollten wir ihn überwältigen und fesseln.

Wie wir uns die Geschichte ausgedacht hatten, ging
sie auch von Statten. Der Teufel hätte an alles an=
dere eher als an einen Ueberfall gedacht. Seit vielen
Jahrhunderten war er an den hündischen Gehorsam
der seiner Hut anvertrauten Seelen gewöhnt; niemals
hatte es eine gewagt, an Widerstand auch nur zu
denken. In Folge dessen war er so übermüthig und
unbesorgt, daß ihm ein Aufstand im Traum nicht ein=
gefallen wäre. Ich hämmerte in der Schmiede drauf
los und folgte mit dem schweren Zuschlaghammer sei=
nem leichten Vorschlage, als wir einen neuen Zinken
an seine große dreizackige Gabel schmiedeten. Er hatte
diese Waffe, die er gleichsam als Scepter stets mit sich
führte, am Tage vorher lädirt, als er die Gabel in
die Seele eines· alten Wucherers stieß, die so verknöchert

und verhärtet war, daß ein Zinken brach und in der Wuchererseele stecken blieb. Als die Gabel ausgebessert war, probirte sie der alte Schuft, indem er sie mir in die Seite stieß, daß ich dachte, ich müßte platt um= fallen. Aber ich verbiß den Schmerz und hielt still, blieb aber dabei stets auf der Lauer, wie ich ihn fassen könnte.

Nachdem er die Gabel probirt hatte, stellte er sie in eine Ecke, legte ein neues Stück Stahl in die Esse und befahl mir, den Blasebalg zu ziehen. Ich trat an die Bälge, um dem Befehl zu folgen. Dabei mußte ich an dem Teufel vorüber, der sich gerade bückte, um eine Hand voll Kohlen aufzuheben und auf das Feuer zu werfen. Diese Gelegenheit schien mir günstig. Mit aller Kraft umschlang ich den Schwarzen, drückte ihm die Arme an den Leib, daß der Brustkasten knirschte, und warf ihn trotz seiner verzweifelten An= strengungen, los zu kommen, zu Boden. Kaum lag er, als schon meine Freunde herbeieilten. Beine und Arme schnürten wir ihm nun mit schweren Eisenketten zusammen, um den Hals legten wir ihm einen Eisen= ring, den ich an dem großen Ambos festschmiedete, und dann setzten wir ihn neben dem Ambos auf den Boden und lachten ihm ins Gesicht. Er wollte vor Wuth bersten, aber je grimmiger seine Grimassen waren, desto herzlicher lachten wir über sein blitzblaues, geschwollenes Gesicht. Schließlich legte sich sein ohnmächtiger Zorn, und er begann zu bitten und zu flehen. Er versprach uns vollkommene Absolution, sodaß wir sofort in den Himmel könnten, wenn wir ihn nur wieder losbänden. Wir wußten aber sehr gut, daß man uns am Himmels= thore doch nicht eingelassen hätte, denn die dort oben haben feine Nasen und lassen sich so leicht nichts vor= machen. Wir gingen also auf seinen Vorschlag nicht ein, sondern ließen ihn ruhig zappeln und berieten, was wir als Lösepreis fordern sollten.

Schließlich hatte Fritz Galgenberger eine famose Idee. Er meinte, der Teufel müsse uns Kreuznachern ein Stück des Fegfeuers zum ausschließlichen Besitze einräumen. Eine Mauer müsse diese Kreuznacher Ab= theilung von dem Reste der Hölle abschließen, der Teufel selbst dürfe sich innerhalb der Mauer nicht sehen lassen, sondern müsse uns in allen Dingen vollständig unseren eigenen Gang gestatten. Alle seine souveränen Rechte solle er an uns abtreten und sich um unser Gebiet durchaus nicht kümmern.

Diese Idee gefiel uns ausnehmend. Wir gingen zu dem Gefesselten zurück und theilten ihm unsere Be= dingungen mit. Zuerst schrie er Ach und Wehe über unser Verlangen. Er meinte, wir sollten lieber alle zusammen aus der Hölle gehen, er wolle uns gerne schriftliche Absolution mitgeben und uns den Einlaß zum Paradiese sichern. Das wäre gar nicht so schlecht gewesen, aber wir wußten ganz gut, daß eine solche Absolution wenig helfen werde, und natürlich hätte uns der Teufel nachher nicht mehr eingelassen, und wir hätten in dem öden Raum zwischen Hölle und Himmel schweben müssen, ohne irgendwo Unterschlupf finden zu können. Wir bestanden also auf unserer Forderung. Hart kam es den Teufel an, von seinem Gebiete, das er mit Mühe dem alten Herrgott abge= trotzt hatte, ein Stück abzutreten, aber schließlich mußte er sich doch dazu bequemen. Er versprach uns nicht nur ein genügend großes Stück, sondern erklärte sich auch bereit, der Kreuznacher Abtheilung die Ge= stalt und Beschaffenheit des Nahethales, wie es sich von Kreuznach bis Münster zeigt, zu geben. Einige von uns verlangten, die ganze Stadt aufgebaut zu haben, so daß sie wieder in ihren alten Häusern wohnen könnten, wie zu Lebzeiten unten auf der Erde, aber die Mehrzahl war gegen dies Ansinnen, da es im Fegfeuer weder regnet noch schneit, und ein Ob= dach deshalb nicht nöthig ist.

Nach einigem Hin= und Herreden wurden wir ei= nig mit dem Teufel und lösten seine Fesseln, nachdem

7*

er uns beim Barte seiner Großmutter geschworen hatte,
uns nicht hintergehen zu wollen. Dies ist sein oberster
Eid und ihm ebenso heilig und unverletzlich, wie wenn
ein Kreuznacher sagt: „Hol mich der Teufel, wenn
das nicht wahr ist!"

Wir gingen dann mit ihm im ganzen Fegfeuer
herum, um einen geeigneten Platz zu der Kreuznacher
Anlage zu finden, und schließlich einigten wir uns auf
das Gebiet, was Du hier übersiehst. Es war nicht
sehr schwierig für den Teufel, der in der Umgegend
von Kreuznach sehr gut bekannt ist, die Nahe, das
Salinenthal, die Haardt, die Theklawiese, die Monau,
die Gans, den Rheingrafenstein und den Rothenfels in
getreuer Nachbildung herzustellen. Bald hatten wir
alle Kreuznacher im Fegefeuer zusammengerufen, und
in hellen Haufen strömte das Volk in die neuerstan=
dene Heimath, um sich Wohnplätze auszusuchen und
sich anzusiedeln. Einige wenige, die nur noch kurze
Zeit im Fegfeuer auszuhalten hatten und im Himmel
auf nie endende, unsagbare Freuden hofften, blieben
zurück, aber bei weitem die meisten kamen mit uns.
Der Teufel baute dann noch eine hohe, unübersteigliche
Mauer um unser Gebiet, so daß kein Unberufener zu
uns gelangen kann, und versah uns außerdem mit
Zelten, da doch die einzelnen Familien ihr Privatleben

von der Oeffentlichkeit abschließen wollen. Seither leben wir hier in eitel Lust und Freude. Wir feiern nicht nur die Feste, wie sie fallen, sondern haben außerdem noch eine ganze Reihe neuer Festtage eingeführt. Außer Neujahr, Ostern, Pfingsten, dem Kreuznacher Markt und Weihnachten begehen wir den Tag der Teufelsbezwingung u. s. w. und jedesmal, daß ein Mitbürger ankommt, wird ihm, je nach seiner Bedeutung ein mehr oder weniger solenner Empfang zu Theil. Unsere Weinberge grünen, blühen und wachsen, gerade wie unten auf der Erde, denn in Wirklichkeit sind unsere Reben ja nur die Geister der irdischen, so daß wir am Stande unserer Weinberge stets genau absehen können, wie der Herbst auf Erden werden will.

Ebenso ist es mit unseren Obstgärten bestellt, und da es uns nicht an lustigen Wirthsseelen fehlt, so wird uns die Zeit nie lange. Ueberall sind Gastwirthschaften mit Kegelbahnen für die Männer, Kaffee und Kuchen für die Frauen, Schaukeln und Turngeräthe für die Kinder. Am Kreuznacher Markt kommen die Schemen all' der Circusse, Menagerien, Theater, Caroussels, Schieß- und Kaufbuden, Tanz- und Weinzelte zu uns herauf, und wir amüsiren uns ebenso gut wie unsere Angehörigen unten auf Erden. Kurzum, wir führen ein Leben wie die Götter, und keiner von uns denkt daran, das Fegfeuer mit dem Paradies zu vertauschen."

So sprach Schorch, und Klappergässer lauschte er= staunt und entzückt. Dann aber durchblitzte ihn der Gedanke an seine auf dem irdischen Jammerthale zu= rückgebliebene Gattin, und zögernd brachte er die Frage heraus, ob denn auch im Jenseits die irdischen Ehebande ihre Gültigkeit behielten.

„Ja," sagte Schorch seufzend, und blickte scheu hinüber nach dem nächsten Tische, wo eine dicke, kräftige Frau mit energischen, rothen Gesichtszügen saß, „das ist allerdings ein dunkler Punkt in unseren Verhält= nissen. Schon viele von uns" — hier sank seine Stimme zum leisesten Flüstertone herab — „hätten vielleicht dem Kreuznacher Gebiete längst adieu gesagt und geduldig die Qualen des Teufels erduldet, nur um dem Eheleben zu entgehen, was hier leider fort= gesetzt werden muß, so wie es unten begonnen wurde. Am schlimmsten sind die Armen dran, die mehr als eine Frau geheirathet haben, dann hier müssen sie mit ihren sämmtlichen Weibern leben. Desto besser haben es aber jene, die eine ein= oder mehrfache Wittwe ge= ehelicht haben, indem die betreffende Frau hier mit allen ihren angetrauten Männern zusammenleben muß. Wie gesagt, gar mancher von uns hätte deshalb gerne

den Staub von den Füßen geschüttelt und sich seit=
wärts in die Büsche geschlagen, aber wohin? Hier
giebt es kein Entrinnen, denn im Paradiese geht es
genau ebenso, und auch dort werden die auf Erden
geschlossenen Ehen fortgesetzt."

Noch lange redeten Schambes und Schorch über
die Zustände im Kreuznacher Fegefeuer, bis sich die
lustige Gesellschaft trennte und zu ihren Zelten heim=
kehrte. Schambes schloß sich einem ehemaligen Kame=
raden an, der etwa fünf Jahre vor ihm gestorben war.
Das war der Louis vom Schießgraben, mit dem
Schambes oft als Schuljunge fischen, krebsen und baden
gegangen war. Louis hatte sich, seiner frohen Jugend
am Schießgraben eingedenk, in einer der Höhlen ein=
quartirt, welche die dem Badewörth gegenüberliegenden
rothen Sandsteinfelsen durchlöchern. Dorthin folgte
ihm Schambes und streckte sich auf dem harten Fels=
boden zum ersten Schlafe aus, seit er gestorben war.

12. Kapitel.

Worin noch einiges vom Kreuznacher Feg=
feuer beschrieben ist.

„Die Schlußworte des letzten Kapitals werden
gewiß Befremden erregt haben," fährt Schambes Klap=
pergässer in seinen Aufzeichnungen fort. „So viel mir
aus meiner Kindheit bewußt, glaubt man auf Erden
allgemein, daß die Seelen im Jenseits keinerlei phy=
sische Bedürfnisse haben können, also auch keines Schlafs
bedürfen. Diese weit verbreitete Ansicht beruht jedoch
auf Irrthum, wie ich bald nach meiner Ankunft da=
hier fand. Man schläft nicht nur, sondern man ißt,
trinkt und raucht auch, ganz wie auf Erden. Der
einzige Unterschied, der allerdings schwer ins Gewicht
fällt, liegt darin, daß die im Jenseits consumirten
Dinge keine materielle, sondern nur eine geistige Exi=
stenz haben, gerade wie die Bewohner des Jenseits
selbst."

Daran schließt dann Schambes eine längere Ab=
handlung, womit ich die Leser nicht ermüden will,
weshalb ich diesen Theil des Manuscriptes übergehe
und erst da wieder anfange, wo Schambes den Bericht
über seine Erlebnisse wieder aufnimmt.

Am Morgen hatte Schambes eine lange Unter=

redung mit Louis, der seinen Gastfreund beim Früh=
stück um einen Gefallen bat. „Ich habe nämlich vor,"
sagte er, „mich zu verheirathen, und da möchte ich
Dich bitten, Brautführer zu sein."

„Heirathen!?" rief Schambes. „Aber so sage
doch, Mensch, könnt ihr denn hier heirathen? Und
wenn ihr es könnt, giebt es denn Menschen, die selbst
nach ihrem Tode noch so dumm sind?"

„Sei so gut und laß die Anzüglichkeiten," er=
widerte Louis etwas unwirsch. „Wenn Du in Deinem
Eheleben üble Erfahrungen gemacht hast, so ist das
doch kein Grund für mich, meinen Neigungen Zwang
anzuthun. — Du fragst, ob wir hier heirathen können.
Ich sollte denken, daß sich das doch von selbst versteht.
Wer sollte es uns verwehren? Wir wählen alle drei
Jahre einen Bürgermeister, und der muß die Civil=
trauung vollziehen. Für die kirchliche Trauung sorgt
einer unserer Pfarrer, von denen wir ein paar Dutzend
hier haben. Die meisten geben sich allerdings mit der
Civiltrauung zufrieden und verzichten auf den Hocus
pocus in der Kirche. Wir haben nämlich eine ganze
Menge Freidenker hier."

„Freidenker im Fegfeuer?" rief Schambes erstaunt.

„Jawohl", antwortete Louis ruhig, „vor einem
Jahre haben wir einen Freidenkerverein gegründet, der

bereits 453 Mitglieder zählt. Wärum sollte es im Fegfeuer keine Freidenker geben? Unten auf der Erde ist es doch viel schlimmer als hier, und doch giebt es Freidenker in Hülle und Fülle."

„Na, jetzt erstaune ich über gar nichts mehr", sagte Schambes. „Also Du willst Dich verheirathen, und ich soll Dir dabei helfen. Das will ich gern thun. Jedenfalls handelt es sich nur um eine Civiltrauung, da Du sicherlich dem Freidenkerverein angehörst."

„Ja, siehst Du, natürlich, wenn es nach mir ginge, dann könnte von einer kirchlichen Trauung nicht die Rede sein. Aber meine Braut ist ein frommes Mädchen und meint, wenn die Sache nicht von einem ordentlichen Pfarrer besorgt würde, so wäre sie überhaupt nicht ordentlich verheirathet. Ich werde ihr daher nachgeben und mich vom Pfarrer trauen lassen. Da drüben an der Kuhtränke hat ein lustiger, dicker Bursche sein Zelt aufgeschlagen, der kann die Geschichte machen. Wir spielen gewöhnlich Skat zusammen am Abend, es ist der dicke Müllerfritz, dessen Du Dich erinnern wirst."

Freilich, Schambes erinnerte sich, denn Pfarrer Müller war erst wenige Jahre vor ihm gestorben und hatte bei seinen Lebzeiten manches Schöppchen mit ihm geleert.

Auch über die Person seiner Braut klärte Louis
seinen Gast auf. Es war die blonde Anna, die Tochter
des Metzgers Butterfaß, den Schambes ebenfalls ge=
kannt hatte. Sie hatte schon in jungen Jahren ihre
irdische Heimath verlassen müssen, um hier im Fege=
feuer in den Hafen der Ehe einzulaufen, den sie auf
Erden nicht hatte erreichen können.

Mit großem Pomp fand die Hochzeit statt, und
der stattliche Schambes erregte allgemeines Aufsehen
unter den ledigen Damen im Kreuznacher Fegefeuer.
Aber er entging allen Fallstricken und Netzen, die ihm
gestellt wurden, und da Louis mit seiner jungen Frau
ein geräumiges Zelt am Hafenregg bezog, blieb Scham=
bes in der Höhle, die ihm der junge Ehemann abtrat.
Dort richtete er sich häuslich ein und lebte glücklich und
zufrieden. An Tabak und Wein fehlte es ihm nie,
denn er hatte bei Lebzeiten fleißig dafür gesorgt, daß
ihm jetzt eine ausreichende Quantität vom Geiste dieser
herzerquickenden Dinge zu Gebote stand. Alltäglich
unternahm er weite Spaziergänge auf die Haardt und
den Rothenfels oder auf die gegenüberliegende Gebirgs=
kette der Gans und des Rheingrafenstein. Von dort
genoß er einen herrlichen Blick bis nach dem Rhein=
gau im Nordosten, während sich in der entgegengesetzten
Richtung das enge Thal der Alsenz zwischen den ruinen=

gekrönten Bergesgipfeln durchschlängelte. Aber nur das
Panorama dieser entzückenden Gegenden bot sich ihm
dar. In Wirklichkeit schloß gleich hinter dem Rhein=
grafenstein die riesenhohe Mauer die Kreuznacher Ab=
theilung von dem Reste des Fegfeuers ab, und auf der
anderen Seite erstreckte sich das Gebiet nur wenig
weiter als bis zur Rothelei; im Westen schloß die
Grenze die Lohrer Mühle ein, und im Osten erhob
sich die Mauer hinter dem Walde auf dem Kuhberg.
Diese hohe Mauer aber war von dem Teufel auf das
künstlichste bemalt, sobaß man erst durch die Berührung
von ihrer Existenz überzeugt wurde, während man sonst
glauben mußte, die schöne Landschaft erstrecke sich nach
allen Seiten, so weit das Auge reiche.

Dieser entzückende Anblick begeisterte die Seele des
Herrn Jean Baptiste Klappergässer täglich aufs Neue,
und die Schönheiten seiner Heimath kamen ihm erst
jetzt nach seinem Tode zum Bewußtsein, wo ihn nur
noch der Schemen der Wirklichkeit ergötzen konnte. So
sehr erhob ihn das tägliche Schauen und Bewundern,
daß er sogar, wie er in seinem Manuscripte etwas
zögernd eingesteht, Verse zu machen begann. Auch theilt
er mit, daß diese Sachen im Fegefeuer großen Anklang
fanden und sowohl in dem „Oeffentlichen," als auch
im „General=Anzeiger," abgedruckt zu werden pflegten.

Der Herausgeber ist im Unklaren, ob der Umstand, daß in dem Manuscripte Klappergässers keines dieser Gedichte angeführt war, zu bedauern ist oder nicht. Jedenfalls wäre es interessant gewesen, zu sehen, wie eine gänzlich von den fleischlichen Sorgen und Bedürfnissen des Körpers abgelöste Seele den Pegasus reitet. Man könnte an der Hand solcher poetischer Belege mit ziemlicher Sicherheit über die von Sokrates kurz vor seinem Tode aufgestellten Behauptungen, welche sich auf das glückselige Treiben der Seele nach dem Tode beziehen, urtheilen.

Sokrates war bekanntlich der Ansicht, daß der vom Körper befreiten Seele der höchste Genuß bescheert werde, indem der Körper gewissermaßen das Bleigewicht sei, der die Seele von dem Aufschwung zu idealen Höhen zurückhalte. Soweit sich aus dem Manuscripte Klappergässers über diesen Gegenstand eine Meinung gewinnen läßt, haben die Bewohner des Fegefeuers genau dieselben Bedürfnisse und Genüsse, die uns hienieden beschieden sind, und die aus dem Limbus Patrum mitgetheilte Episode deutet darauf hin, daß selbst bei den Seelen dieser guten und weisen Männer alles ziemlich so hergeht wie bei uns.

13. Kapitel.

Die Feier des Kreuznacher Marktes im Fegfeuer.

Schambes war im Monat Juli verstorben und bei seinen durchgeistigten Landsleuten angelangt. Vier Wochen später hub ein reges Treiben in dem jenseitigen Kreuznach an, denn die Zeit des Jahrmarktes war herbeigerückt, die Pfingstwiese belebte sich mit Kauf-, Schau-, Lust- und Trinkbuden aller Art, die Bewohner machten allenthalben fröhliche Gesichter und sprachen davon, auf ein paar Wochen zu verreisen, um dem Markte aus dem Wege zu gehen. Das ist so Sitte in Kreuznach, daß man vor dem Jahrmarkte, zu dessen würdiger Feier man das ganze Jahr über gespart hat, gleichsam mit Verachtung von dem herannahenden Feste spricht und behauptet, in früheren Jahren sei es viel schöner gewesen, und jetzt lohne es kaum der Mühe hinzugehen. Deshalb nimmt sich ein Jeder vor, nur an einem der vier offiziellen Tage hinab zu den Buden zu wandeln, die übrige Zeit aber hübsch tugendsam in der Stadt zu bleiben und sich um das lustige, verführerische Getöne auf der Pfingstwiese nicht zu kümmern. Andere gar holen Landkarten und Reisebücher hervor und suchen sich in weiter Ferne ein hübsches stilles

Plätzchen, allwo sie dem Trubel des Marktes auszu=
weichen und die lauten Tage des Volksfestes zu über=
dauern gedenken. Zwei Tage vor der Eröffnung nehmen
sie Abschied von ihren Freunden, wünschen vergnügte
Feiertage und sagen: Auf Wiedersehen nach dem Markte!

Kommt man aber hinunter zu den Zelten, da
sitzt die ganze Gesellschaft, sowohl Diejenigen, die nur
an einem Tage kommen wollten, als auch die Reise=
lustigen, an den Tischen, der Trollschoppen kreist, die
Simme jauchzt, das Tanzbein fliegt durch die Luft,
und die ausgelassenste Fröhlichkeit steckt jeden Ankömm=
ling, und sei es auch ein halbwegs petrefacter Eng=
länder, alsbald zu lustigem Mitwirken an. So geht
es vier Tage und Nächte lang, denn kein rechtschaffener
Kreuznacher vermag zur Jahrmarktszeit seinen gewohnten
Geschäften nachzugehen, und aus Nah und Fern kommen
die Söhne und Töchter der Stadt herbeigeströmt.

Daß auch die Kreuznacher Seelen im Fegefeuer
das Fest würdig begehen, ist kein Wunder, und bereits
haben wir ja im vorhergehenden Kapitel erfahren, daß
der Jahrmarkt in der Kreuznacher Abtheilung gefeiert
wird. Klappergässer's Beschreibung ist etwas ver=
worren, aber trotzdem hält es der Herausgeber für das
beste, sie ganz so herzusetzen, wie er sie in der Urschrift
fand, von orthographischen Fehlern abgesehen.

Also lautet es im Manuscript des Schambes Klappergässer:

Am Montag bin ich Abends um acht Uhr mit Schorch zusammen hinuntergegangen, um den Wein zu probiren. Der beste war in dem Winzenheimer Zelt. Der Käshannes hat schlechtes Zeug, lauter Zuckerwasser, pfui Teufel! Aber schön gesungen wird in seinem Zelt, und die Lisbeth ist ein hübscher Kerl. Donnerwetter, was bin ich so froh, daß meine Alte noch lebt! Seit dreißig Jahren habe ich mich auf dem Markt nicht so gut amüsirt, wie dieses Jahr. Hoffentlich wird sie steinalt und lebt wenigstens noch fünfzig Jahre! Sie muß jetzt drei= oder vierundfünfzig alt sein und war noch ziemlich stark und gut erhalten, wie ich gestorben bin. Na, hoffentlich nimmt sie sich in Acht, denn mit seiner Frau auf den Markt zu gehen, das ist ja nichts. Ein verdammt netter Kerl, diese Lisbeth! Aber der Wein ist Sauzeug! Ich habe einen Brummschädel wie ein Herrgottsakrament! Was habe ich nur alles in meinen Leib hineingeschüttet? Mit den verflixten Troll= schoppen weiß man aber auch nie, wieviel man ge= trunken hat!

Wissen möchte ich nur, wer meinen Hut hat, und wo mein Stock hingekommen ist! Ueberhaupt ist es dummes Zeug, hier in der Hölle Kleider zu tragen.

Alles wegen der verruchten Weibsleute! Hol sie der Teufel oder vielmehr der liebe Gott, damit sie hier wegkommen! Aber was war das ein Spaß, wie der lange Fritz über die zwei Bänke gefallen ist, hihihi! Und dann ging der Franz, der Hallunke, hin und goß ihm einen Schoppen Wein in's Gesicht, o was schöne Geschichten!

Heute ist Montag, glaube ich, es kann aber auch Dienstag sein! Weiß der Kuckuck, wo die Zeit hingeht. Gestern war ich unten; wie ich hingekommen bin, weiß ich ganz gut, aber wie ich nach Hause gekommen bin, das ist mir völlig unbewußt. Aber heut Morgen, wie ich wach geworden bin, lag ich im Bett, ganz und gar ausgezogen, noch dazu! Nur am rechten Fuß hatte ich noch einen Stiefel. Dummes Zeug! Wozu braucht man in der Hölle Stiefel? Das ist eine dumme Einrichtung! Im Himmel giebt's keine, da hab' ich aufgepaßt! Nichts als weiße Hemdchen und Lilienstengel hatten sie an! Ich muß vorschlagen, daß im Kreuznacher Fegfeuer die Kleider abgeschafft werden. Die Frauenzimmer müssen sich halt dran gewöhnen. Und wenn sie nicht wollen — Donnerwetter, was mir das im Schädel herumsticht! — Aber schön war's doch. Himmel alle Welt, ich muß untersuchen, ob heute Montag oder Dienstag ist. Wenn's Dienstag ist, muß ich gleich

8

Kragen und Manschetten anziehen und meine Hand=
schuhe suchen — da wird ja Morgens im Wiesenzelt
getanzt. Ich muß nachdenken: Also am Samstag bin
ich unten gewesen und hab' den Wein probirt, da bin
ich um vier Uhr wieder nach Hause gekommen; wenig=
stens behauptet Fritz, er hätte mich um diese Zeit ge=
sehen.

Und dann bin ich Sonntag Mittags wieder
hinunter, und hab mit Müller's Lisbeth auf dem
Caroussel gesessen. Das ist wahr! Und dann wollte
das Mädel Messer werfen! Und dann haben wir ge=
schossen. Ja so, später sind wir in die Weinzelte ge=
gangen, und nun weiß ich wahrhaftig nicht, bin ich
seither zu Hause gewesen und wiederum hinunter ge=
gangen, oder ist heute erst Montag. Ich muß gehen
und Jemand fragen. — — — —.

Es ist meiner Seele schon Dienstag, und es ist
hohe Zeit, daß ich mich fertig mache, wenn ich über=
haupt tanzen will. Es ist schon elf Uhr, also schleunigst
in Rock und Weste geklettert! -- — — —

Heute gehe ich aber nicht mehr auf den Markt!
Mit vier Tagen habe ich wahrhaftig genug. Samstag,
Sonntag, Montag und Dienstag! Schön war's aber
doch, besonders gestern, wo ich zum ersten Male seit
dreißig Jahren caressiren und tanzen durfte, so viel

ich wollte. Gott erhalte meine Alte noch viele Jahre
in blühender Gesundheit! Hui, was habe ich die Beine
geschwungen, und gejauchzt habe ich, daß alle Leute
nach mir umgeschaut haben. Und nachher ist wieder
die alte Leier losgegangen. Aus einem Zelte sind wir
in's andere gezogen, und es giebt keine Weinsorte auf
dem Markt, die wir nicht probirt haben. Aber der
Winzenheimer ist doch der beste, das muß man sagen!
Aber höllisch voll war's da den ganzen Tag und die
ganze Nacht, sodaß man gar keinen Platz bekommen
konnte. Die Kreuznacher haben eine gute Nase und
finden schnell heraus, wo es ein gutes Tröpfchen giebt.
— Gestern habe ich es aber nicht so wüst getrieben und
mich mäßig gehalten, und jetzt wird wieder mit dem
alten Leben angefangen. Vom Markt will ich nichts
mehr wissen! — — —

Hol's der Kuckuck! Kaum hatte ich gestern meine
Papiere bei Seite gelegt, als der verflixte Franz wieder
ankam und so lange an mir herumschmußte, bis ich
mit ihm auf den Markt ging. Das war eine wüste
Geschichte, und es ist mir zu Muth, als ob ich den
Katzenjammer noch nicht in einer Woche wegkuriren
könnte. Ein Gewitter soll mir auf den Kopf fallen,
wenn ich noch jemals in meinem Leben auf den Kreuz=
nacher Markt gehe! Kein Mensch hat was davon!

8*

So eine dumme Geschichte! Meine Lebtage gehe ich
nicht mehr hin!

*   *   *

Schambes Klappergässer hatte sich auf dem Jahr=
markte eine böse Suppe eingebrockt. Müller's Lisbeth
hatte nicht nur mit ihm Caroussel gefahren, Messer
geworfen und Thonpfeifen geschossen, sondern auch Wein
getrunken und getanzt, und Schambes lief herum wie
ein Zeiselbär, dem man einen Ring durch die Nase
gezogen hat, um ihn so fein säuberlich auf= und ab=
führen zu können. Lisbeth hatte es dem Armen an=
gethan, und er machte seit dem Jahrmarkte mehr
Gedichte, als je vorher vor oder nach seinem Tode.
Bereits war das Verhältniß so weit gediehen, daß
Schambes sich nach einer günstigen Stelle zum Aufbauen
eines größeren Familienzeltes umzuschauen begann, und
alltäglich lustwandelte er mit Lisbeth zwischen den
Bäumen des Kurgartens, wo sich am Abend liebende
Paare zusammenfanden, um zu flüstern und zu seufzen.

Klappergässer wird bei der Beschreibung dieser
Zeit ganz poetisch und theilt dann eine ganze Anzahl
Verse mit, die er seiner Lisbeth gewidmet. Sie alle
reden von Blumenduft und Nachtigallenschlag, Sonnen=
schein, Mondennacht, Flötenton und Lautenklang, und

derlei in verliebten Geschichten nothwendigen Requisiten.
Einiges davon hätte ich mitgetheilt, wenn nicht Aehn=
liches in Millionen von Büchern und Hunderttausenden
von Zeitschriften zu lesen wäre. Mitten aber in diese
Frühlingsnacht fiel, wie es sich gehört, ein Reif, der
dem Blühen und Grünen ein jähes Ende machte.
Eines Morgens, als Schambes sich noch in seiner Höhle
am Schießgraben reckte und über seine holde Lisbeth
nachsann, schlüpfte plötzlich ein langer weißer Schatten
herein und schwebte auf sein Lager zu. Schambes
öffnete die schläfrigen Augen und fuhr mit einem
Schrei des Entsetzens in die Höhe, denn „wer war es?
Seine Wilhelmine, die im Sterbkleid vor ihm stand.“

Vorbei war es nun mit Mondschein und Veilchen=
duft, und Schambes sah sich gezwungen, mit seiner für
ihres Gatten Glück allzufrüh verstorbenen Anna ein
geräumiges Zelt zu beziehen und einen soliden Lebens=
wandel zu führen, wie er es früher auf Erden gewohnt
gewesen. Jeden Abend wandelte er in den Rothen
Wolf, wo er sein Stammseidel und seine Stammpfeife
hatte, und Dienstags und Freitags wurde daselbst ge=
kegelt. Tagsüber pflegte er auf die Berge zu steigen,
doch hatte er nie allzuviel Muße, denn Frau Anna
hatte etwas von seiner Liebschaft mit Lisbeth ver=
nommen und paßte scharf auf.

In Folge dessen werden die Tagebuchnotizen immer
spärlicher und enthalten schließlich weiter nichts mehr
als Nachrichten über die Zahl der Schoppen, die
Schaimbes am Stammtische geleert. Nur zuletzt, jeden=
falls nachdem er bereits den Entschluß gefaßt hatte,
dem Herausgeber sein Manuskript zu übergeben, schreibt
er noch einmal etwas ausführlicher. Er schildert hier
das Leben in dem Kreuznacher Fegefeuer in glühenden
Farben und spricht den Wunsch aus, daß recht viele
Kreuznacher sterben und ins Fegefeuer kommen mögen.
Er begründet diesen Wunsch damit, daß die bereits
vorangegangenen Freunde und Verwandten jedes Mal
bei der Ankunft eines Landsmannes in außerordent=
liche Freude gerathen, und daß es ja auch jedem noch
Lebenden höchst angenehm sein müsse, die verstorbenen
Lieben wiederzusehen. Es liege, meint er, keine Gefahr
einer Uebervölkerung des Kreuznacher Fegefeuers vor,
da sowohl die Seelen als auch das Fegefeuer elastisch
seien und beliebige Ausdehnung annehmen könnten.

All dies scheint dem Herausgeber sehr plausibel,
indessen hofft er, Herr Klappergässer und die übrigen
Bewohner des Kreuznacher Fegefeuers werden es ihm
nicht übel nehmen, wenn er vorzieht, vorläufig ruhig
auf Erden zu bleiben und abzuwarten, bis er weg
muß. Er fürchtet nämlich doch ein wenig, daß er, da

sein Ortssinn sehr wenig entwickelt ist, den Weg zur Kreuznacher Abtheilung verfehlen und dem Beherrscher der Unterwelt in die Hände gerathen könnte. Deshalb also liebe Landsleute im Fegfeuer, nichts für ungut, wenn ich mich nicht beeile, Eurer freundlichen Einladung nachzukommen, sondern mich im Gegentheil so fest wie möglich an die Erde anzuklammern suche. Die Abreise wird ohnehin früh genug kommen. —

14. Kapitel.
Worin der Herausgeber nochmals einen überirdischen Besuch erhält und diese Chronik schließt.

Schon hatte der Herausgeber geglaubt, daß er diese Historia, die einen so gar seltsamen Anfang und ergötzlichen Fortgang genommen, nun wie alle gewöhnlichen Erdengeschichten damit enden müsse, daß „sie sich kriegen", denn das ihm auf so sonderbare Weise überlieferte Manuscript seines Landsmannes aus dem Geisterreiche schloß ja, kurz nachdem dieser sich mit seiner aus dem Erdenwallen abgeschiedenen Gattin auf's Neue vereinigt hatte. Der Herausgeber war ob dieses alltäglichen Schlusses ein weniges betrübt, denn mit Recht erwartet der Leser einer so erstaunlichen Chronik, daß auch das Ende dem Anfange entspreche und an über= raschenden Wendungen nicht dahintenbleibe. So sehr mißfiel dem Herausgeber dieser allzu gewöhnliche Aus= gang, daß er trotz der ihm angeborenen und ihm kletten= fest anhaftenden literarischen Lauterkeit und Ehrlichkeit einen Augenblick daran dachte, aus eigener Machtvoll= kommenheit und Phantasie einen dem bisherigen Ver= laufe der Chronik würdigeren Schluß zu ersinnen und anzuhängen. Aber nur ein kleines Augenblickchen schwankte seine Seele, dann stand es bei ihm fest, daß er um keinen Preis an dem wesentlichen Inhalte des Geistertagebuches auch nur das Geringste ändern dürfe. Nicht nur hätte er durch solche Eigenmächtigkeit die peinigenden Bisse seines in solchen Dingen überaus zarten Gewissens in die Schranken gefordert, sondern er dachte auch mit Schrecken an das einstige Wieder= sehen im Kreuznacher Fegefeuer, denn wenn ihn gleich Schambes bei seinem ersten Besuche in schmeichelhaften Ausdrücken aufgefordert hatte, nach seinem (des Heraus= gebers) Ermessen Glättungen und Aenderungen vor= zunehmen, so fühlte er sich doch nicht zu so eingreifenden Arbeiten berechtigt, wie es das Ersinnen eines neuen Schlusses mit sich gebracht hätte. So ließ er es denn bei dem im vorigen Kapitel enthaltenen Schlußworten bewenden und hoffte auf die Nachsicht des Publikums und die Belohnung, die jedem redlichen Streben zu Theil wird, wenn der Streber Geduld und Lebenskraft genug hat und nicht vor der Zeit der Ernte mürbe wird und abfällt.

Sobald er also zu dem Entschlusse gekommen war, nichts an dem Gange der Erzählung zu ändern, begann er, sich umzuschauen nach einem frommen Verleger, dem das geschäftige Weltgetriebe das kindliche Gemüth noch nicht verderbt und erstickt habe und der somit geneigt sei, die vorstehende höchst erbauliche, belehrende und wahrhaftige Historie zu drucken und dem verständigen Publikum zu unterbreiten, — selbstverständlich unter Bedingungen, die geeignet schienen, den Herausgeber für die gehabte Mühe und Arbeit zu entschädigen —. Noch war ihm dieser große Wurf nicht geglückt, als es eines Nachts, fast ein Jahr nach dem ersten Besuche Klappergässers, heftig an die Scheiben des Herausgebers klirrte und so lange draußen herumrumorte, bis er sich erhob und das Fenster öffnete, nachdem er vorher einen mit Wasser gefüllten Krug ergriffen hatte, um den Inhalt desselben dem nächtlichen Ruhestörer auf das Haupt zu gießen. Aber zu solchen Thätlichkeiten kam er nicht, denn statt trunkener Burschen, die er zu er=

spähen gemeint hatte, erblickte er eine lange weiße Gestalt, die ohne Weiteres zu ihm herein in die Stube geschwebt kam und sich auf dem Lehnsessel des Heraus= gebers niederließ, von wo sie nach Pfeife, Tabak und Feuerzeug haschte und alsbald zu puffen anfing, ohne vorerst ein Wort zu sprechen.

Es war Fritz Sinkenoth.

Aber du lieber Himmel, wie sah der Mensch aus! Ein jämmerlicherer, abgehärmterer Geist hat gewiß noch an keinen Tisch geklopft oder sich durch ein Medium offenbart. War er als Geist schon an und für sich durchsichtig und leicht, so schien er sich jetzt ganz und gar in Luft auflösen zu wollen, und der dünnste Rauch, den ich je gesehen, war gegen die traurige Gestalt meines Geisterfreundes ein fester, greifbarer Erdenkloß. Er= schrocken und betrübt sah ich ihm zu, wie er den Dampf einsog und alsbald aus seinem ganzen Körper wieder herausblies. Es dauerte eine lange Weile, ehe er zu sprechen anfing, und unterdessen stopfte ich mir eine andere Pfeife, zündete an und vereinigte meine Rauch= wolken mit denen meines Besuchers.

Endlich seufzte Fritz tief und sagte dann mit schrecklich dumpfer und gänzlich gebrochener Stimme:

„Eugen, wir sind futsch!"

Erschreckt sah ich mich um, nach den Ursachen des

Futschseins in die Ecken des Zimmers spähend, aber
da ich nichts Außergewöhnliches wahrnahm, wandte ich
mich meinem Gaste wieder zu und forderte ihn auf, seine
räthselhafte Meldung zu erklären. Das that er mit
den folgenden Worten:

„Alles ist verloren, verdorben, ruinirt, kaput!
Der Alte ist dahinter gekommen. Schambes steht am
Ambos in der Höllenschmiede, Schorch von der Ellerbach
ist bis an den Hals in den siedenden Pechteich gesteckt
worden, Schah Narrenkapp läuft mit einem glühenden
Stachelgürtel auf dem bloßen Leib herum, und ich habe
bis vor einer Viertelstunde alle fünf Minuten aus
einem Troge mit geschmolzenem Blei in einen Kübel
Eiswasser und wieder zurück in mein Schmelzbad kriechen
müssen. Vor fast einer Viertelstunde war die mir zu=
gemessene Strafzeit abgelaufen, und ich wurde aus dem
Fegefeuer entlassen. Eigentlich sollte ich jetzt schon am
Paradiesesthor stehen, aber ich mußte zuerst Dich auf=
suchen und Dir sagen, wie die Dinge stehen, damit
ihr in Kreuznach wißt, woran ihr seid.

„Und jetzt paß’ auf. Viel Zeit habe ich nicht,
denn ich muß gleich hinauf und mich anmelden. Ach,
wenn ich jetzt im Fegefeuer an die früheren schönen
Zeiten denke! — Doch ich habe nicht lange Zeit und
muß mich kurz fassen. Also eines Tages sitzen wir

vor Schah Narrenkapps Zelt und trinken ein Schöppchen, da thut es dir auf einmal einen mörderlichen Schlag an das Thor, das die Kreuznacher Abtheilung von dem übrigen Fegefeuer trennte, und eine fürchterliche Stimme ruft da draußen: Aufgemacht!

Wir laufen hin, um zu sehen, was es giebt, und wer stellt sich unser Entsetzen vor, als wir einen mit Helm und Panzer angethanen, strahlenden Engel er= blicken, das blanke leuchtende Schwert, groß wie eine Fahnenstange, in der Hand. Wir kannten ihn gleich, es war der Erzengel Michael. Hinter ihm lag der Teufel unterwürfig flehend im Staube und zeigte fort= während mit dem Finger auf die Thüre hin, hinter der wir verzagend und rathlos standen.

Endlich rief Schorch: „Wer ist draus?" und der Geharnischte antwortete richtig, wie wir erwartet hatten, er sei der Erzengel Michael und habe den Auftrag er= halten, uns Kreuznacher wieder zum Gehorsam zu zwingen und zu den übrigen armen Brüdern in das allgemeine Fegefeuer zurückzubringen. Das war böse Nachricht. Wir schauten einander mit bangen Gesichtern an und fragten dann weiter, wer die Vorgänge im Fegefeuer ausgeplaudert. Aber Michael war stolz, meinte, wir sollten keine langen Flausen machen, son= dern öffnen und herauskommen. Denn sonst käme

unſer Herrgott ſelbſt, und dann ginge es uns noch weit
ſchlimmer.

Wir hielten kurzen Rath. Viel war da nicht zu
bedenken, denn einen Ausweg gab es nicht. Hätten
wir getrotzt und dem Erzengel den Eingang verwehrt,
ſo wäre wohl gar unſer Herrgott ſelber gekommen und
hätte uns womöglich alleſammt ohne viel Federleſen
direct in die Hölle geworfen. Wir machten alſo die
Thüre auf, Michael trat herein, das flammende Schwert
immer noch in der Hand und ſengende Feuerblitze aus
ſeinen Augen auf uns ſchießend, und hinter ihm her
kroch der ſchwarze Teufel, der uns mit ſeinen tückiſchen
Augen ſchadenfroh angrinſte, wie er vorher nie nach
uns zu ſchauen gewagt hatte.

Und nun ging es an ein ſtrenges Gericht. Die
alten Bücher wurden nachgeſchlagen, die Namen aufge=
rufen und ein Jeder für den ihm damals eingeſchriebenen
Termin in das Fegeſeuer geworfen. Alle mußten ihre
Haft von vorne beginnen, obgleich viele von ihnen ſchon
faſt mit ihrer Fegeſeuerzeit zu Ende geweſen waren,
als Schorch den Teufel bezwang und die Kreuznacher
Abtheilung gründete. Da gab es viel Zähneknirſchen
und Fluchen unter den Männern, viel Heulen und
Händeringen bei dem Weibervolk, denn Eins mußte ſich
vom Andern trennen, und ohne Barmherzigkeit wurden
Freunde, Verwandte und Liebende auseinander geriſſen.

Die Kreuznacher Abtheilung wurde gänzlich zerstört, und thränenden Auges sahen wir zu, wie die hier nach dem Tode uns erstandene zweite und schönere Heimath verschwand, während wir ungezählten entsetzlichen Martern entgegengeführt wurden. Ich wurde alsbald in einen großen Behälter voll geschmolzenen Bleies geworfen, wo ich die gräßlichsten Schmerzen ausstand, denn ob ich gleich weder Fleisch noch Bein hatte, fühlte ich doch die sengende und brennende Masse, hörte das Zischen des Blutes und roch das verkohlende Fleisch. Rund um mich her sah ich andere arme Seelen in höchster Noth und Pein, alte Greise und junge Mädchen, starke Männer und schwache Frauen, und all das Elend vermehrte und vergrößerte noch mein eignes Leiden.

Aus diesem glühenden Bade wurde ich dann in kurzen Zwischenräumen herausgerissen und in einen Teich geworfen, dessen Wasser zwei Zoll dick gefroren und bis auf den Grund mit schwimmenden Eisblöcken angefüllt war. Hier ließ man mich so lang, bis ich blau und steif geworden war, worauf man mich wieder in das geschmolzene Blei zurückwarf. So ging es im unaufhörlichen Hin und Her, bis meine Zeit um war.

Glücklicherweise hatte ich auf Erden nicht lange genug gelebt, um viele Sünden begehen zu können, und so waren mir von Anfang an nur zehn Monate Fegefeuer aufgeschrieben worden. Die waren endlich, endlich herum, nachdem sie mir wie hundert Jahre geschienen hatten, ich wurde in das Büreau des Teufels gerufen und erhielt meinen Entlassungsschein.

Schon war ich auf dem Wege nach dem Paradiese, dessen Vorhof mir jetzt offen steht, da fielst Du mir ein. Ich dachte an Dein Buch, und wie sehr es bei den Kreuznachern die Lust zum Sterben erhöhen müßte. Denn wahrhaftig, wenn Du die Sache nur halb so beschrieben hast, wie sie wirklich war, so muß es jeden Kreuznacher nach dem Kreuznacher Fegefeuer ziehen, sobald er Dein Buch gelesen hat. Ich malte mir aus, wie die armen Kerle, von Sehnsucht nach dem schönen, Jenseits erfaßt, sich haufenweise ersäufen, aufhängen oder an Rattengift zu Tode essen würden, um alsbald zum Fegefeuer einzugehen. Dort hätte der Verblendeten eine schreckliche Ueberraschung geharrt, und um dies Elend zu verhüten, bin ich eilends herabgeflogen, die Kunde von den Geschehnissen zu verkünden und meine Landsleute zum guten Lebenswandel zu mahnen!"

Fritz sah auf die Wanduhr, that ein halbes Dutzend schnelle Züge aus der Pfeife, seufzte und sagte: „Ich muß fort, sonst wird's gemerkt. Tabak wird's auch nicht geben da oben, wenn es schon das Paradies ist. Halt Dich gut und bleib so lang leben wie mög= lich! Nachher geht's Dir schlecht!"

Damit stieß er das Fenster auf und war im Dunkel der Nacht verschwunden. Ich aber saß noch lange sinnend im Finstern, und erst als die kalte Morgenluft durch das offene Fenster strich, erwachte ich fröstelnd aus einem unruhigen Halbschlummer, der mir alle möglichen beängstigenden Bilder von der meiner harrenden Zukunft im Jenseits vorgegaukelt hatte. So ein Kessel mit geschmolzenem Blei ist kein Spaß, und das von Fritz Sinkenoth beschriebene Wasser muß auch seine 30 Grad unter Null haben. Von heute an richte ich mich nach ärztlichen Vorschriften und lebe nur noch meiner Gesundheit, damit ich so alt werde wie Methusalem, denn nach dem Fegefeuer trage ich kein Verlangen.